Wolfgang Boochs

Die Kopten – »Kirche der Märtyrer«

Wolfgang Boochs

Die Kopten – »Kirche der Märtyrer«

Bernardus-Verlag

Impressum

Bernardus-Verlagsbüro Abtei Mariawald
52396 Heimbach/Eifel
www.bernardus-verlag.de

Gestaltung, Druck und Herstellung:
Druck & Verlagshaus Mainz GmbH
Süsterfeldstraße 83
52072 Aachen

Abbildungsnachweis

Umschlag: „St georges orthodox cathedral beirut" by Vladanr - *Wikimedia Commons* - http://commons.wikimedia.org/wiki/File:St_georges_orthodox_cathedral_beirut.jpg#

ISBN-10: 3-8107-0217-X
ISBN-13: 978-3-8107-0217-3

Inhalt

A. Allgemeines

I. Die Kopten: Ihr Ursprung

Mit Kopten werden die Mitglieder der größten christlichen Kirche Ägyptens bezeichnet. Der Name Kopten stammt von der arabischen Bezeichnung »Qibt« ab. »Qibt« wiederum lässt sich von der griechischen Bezeichnung »Aigyptos«, »Ägypter« ableiten und stellt damit eine Verballhornung des griechischen Wortes dar. Ägypten bezeichneten die Araber als »Haus der Kopten«, »Dar al-Qibt«. Untereinander bezeichnen sich die ägyptischen Christen auch nicht als »Kopten«, sondern einfach als »Christen«. Den Namen »Kopten« benutzen sie nur, um sich gegenüber anderen christlichen Konfessionen abzugrenzen.

Koptische Christen machen derzeit rund zehn bis fünfzehn Prozent der ägyptischen Bevölkerung aus. Staatsreligion ist der Islam. Die genaue Anzahl lässt sich nicht angeben, da in Ägypten keine Meldepflicht besteht und die Zahl von den islamischen Verwaltungsbehörden aus Eigeninteresse immer niedriger angegeben wird.
Viele muslimische Ägypter verweisen bei der Frage nach ihrem Verhältnis zu ihren christlichen Mitbürgern immer auf die in der ägyptischen Verfassung verankerte Religionsfreiheit. Zwar garantiert die ägyptische Verfassung die Religionsfreiheit. Darauf berufen sich viele ägyptische Muslime, wenn Christen die Behandlung der Kopten in Ägypten kritisieren. Diese Argumentation lenkt jedoch von der Diskriminierung ab, der Kopten alltäglich durch Gesetz, durch die staatliche Verwaltung und durch muslimische Mitbürger in ihrem privaten All-

tag ausgesetzt sind, einem Zustand, der in Einzelfällen durchaus das Ausmaß einer Verfolgung annehmen kann.

II. Die Bedeutung der Verfolgung und des Martyriums in der koptischen Kirche

1. Die Bezeichnung der koptischen Kirche als »Kirche der Märtyrer«

Die koptische Kirche wird seit über 1700 Jahren verfolgt und seitdem auch als »Kirche der Märtyrer« bezeichnet. Durch diese Bezeichnung grenzen sich die Kopten gegenüber der islamischen Vorherrschaft in Ägypten ab. Dadurch verschaffen sich die koptischen Christen gleichsam eine neue Identität. Die Bedeutung dieses Martyriums für die Kopten ergibt sich schon daraus, dass die Kopten eine eigene Zeitrechnung haben, die mit dem Jahr der Amtseinführung des römischen Kaisers und Christenverfolgers Diokletian im Jahre 284 n. Chr. beginnt.

N. Gussone schrieb zur Bedeutung der Märtyrer in Ägypten in der Frankfurter Allgemeinen Zeitung am 31.7.2001: »Die Erhebung der Heiligen aus ihren Gräbern bedeutete die Anerkennung für den Kult und war eine Urform der Kanonisation. Die Verbindung von Reliquien und Altar ist ein zentrales Element des Heiligenkultes; denn nach der Geheimen Offenbarung ruhen die Seelen, die um die Worte Gottes und ihres Zeugnisses umgebracht worden waren, unter dem Altar.« Der Tod des Märtyrers stellt für die koptischen Christen die Nachahmung des Todes Jesus in seiner Nachfolge und damit die Überwindung des Todes dar. Das Martyrium wird damit zum vollkommenen Ausdruck der Jüngerschaft und damit eine Nachahmung der Gesinnung und des Tuns Jesus. Für F. J. Dölger ist das Märtyrergedächtnis »ein aus dem Rahmen des Alltages gehobenes Totengedächtnis«[1].

2. Beschreibungen der koptischen Märtyrer – Das koptische Synaxarium – Verwandtschaft zum ägyptisch-hellenistischen Totenkult

Die frühesten und wichtigsten Beschreibungen der Märtyrer und ihres Martyriums stammen aus griechischen Texten, vor allem aus den »Acta des Phileas« und der Kirchengeschichte des Eusebius von Caesarea[2]. Eusebius, der zur Zeit des römischen Kaisers und Christenverfolgers Diokletian lebte, spricht von zehntausenden Zeugen in ganz Ägypten. Während langer Phasen ihrer Geschichte standen die ägyptischen Kopten unter der Herrschaft anderer Religionen und sahen sich andersgläubigen Bevölkerungsmehrheiten gegenüber. Zu Beginn ihrer Zeitrechnung waren es die Römer, heute sind es die Moslems. Die koptische Märtyrerliste, das Synaxarium aus dem Mittelalter, das auf koptische und griechische Vorlagen zurückgeht, umfasst 184 Märtyrer, die ihr Leben für ihren Glauben und Jesus Christus hingegeben haben. Das koptische Synaxarium folgt damit dem griechischen Beispiel des konstantinopolitanischen Vorbildes, welches Lebensbeschreibungen der Tagesheiligen für den liturgischen Brauch verwendet. In seiner unterägyptischen Fassung ist es bis heute fester Bestandteil der koptischen Messfeier. Im koptischen Synaxarium wurden neben den

1 Dölger, F. J., Der Heilige Fisch in den antiken Religionen und im Christentum, Münster 1922, S. 568; vgl: Baumeister, a. a. O., S. 51.

2 Eusebius, Historia ecclesiastica VIII, 13,7; VIII, 9–10; H. Kraft, Eusebius von Caesarea, Kirchengeschichte, München 1981, 376f; 368–373.

Märtyrern und den Mönchsvätern auch der biblischen Heiligen sowie alexandrinischer Patriarchen und auch besonderer Ereignissen der ägyptischen oder allgemeinen Kirchengeschichte gedacht. Wenn der Märtyrerkult allgemein mit dem Totenkult verwandt ist, so gilt dies insbesondere auch für Ägypten, wo der altägyptische sowie später der hellenistische Totenkult im Leben der Ägypter von alters her eine zentrale Rolle einnahm. Am Todestag des Märtyrers wird in Ägypten von alters her an dessen Kultstätte alljährlich ein Märtyrerfest gefeiert. Die Liturgie eines solchen Festes besteht aus einer Nachtwache mit Psalmengesang, Gebeten und Lesungen sowie einer Eucharistiefeier am nächsten Morgen[3]. Der koptische Märtyrerkult war insoweit eng in dem ägyptisch-hellenistischen Totenkult sowie mit dem antiken Heroen- und Götterkult verwurzelt[4]. Typisch für die ägyptische Form der Märtyrerverehrung war auch, dass man die Märtyrer nicht in der Erde bestattete, sondern sie teilweise nach der Mumifizierung auf Holzgestelle und Bahren legte oder aufrecht stehend in Schränken im Hause oder öffentlich ausstellte[5]. Hierin finden sich Elemente des altägyptischen Totenkultes wieder. Um die Märtyrer entwickelte sich schon bald mit dem Ende der Christenverfolgungen ein Märtyrerkult, der ganz Ägypten mit einem Netz von lokalen Heiligtümern überzog. Der Kult entwickelte sich jeweils an dem Ort, an dem der Leib des Märtyrers bestattet wurde. Es entstand die Stätte des Märtyrerkultes und die mit dem Kult verbundene Wallfahrt von frommen Pilgern auf zweierlei Weise. Entweder baute man über den beigesetzten Märtyrer eine Grabkapelle, die vielfach zu einer Kirche erweitert wurde,

3 Wurst, a. a. O., S. 35.

4 [4] Baumeister, a. a. O., S. 73.

5 [5] Wurst, a. a. O., S. 35; Baumeister, a. a. O., S. 52; Erman, Die Religion der Ägypter, Berlin/Leipzig 1934, S. 412.

oder aber man erhob eine schon bestehende Kirche durch die Überführung eines Märtyrerleibes in den Rang einer Kultstätte. Um 600 war Ägypten von einem Netz von Märtyrerheiligtümern übersät[6].

Die Märtyrerfeiern entwickelten sich zu wahren Volksfesten mit Jahrmarktscharakter und Trinkgelagen, zu denen viele Menschen zusammenkamen. Selbst Prostituierte nahmen an dem nächtlichen Treiben teil, die schon bald von der koptischen Kirche heftig kritisiert und deren Teilnahme Mönchen und Nonnen untersagt wurden.

Zum Märtyrerfest gehörte vielfach auch ein kommemoratives Festmahl, das wie das gemeinschaftliche Sättigungsmahl im Urchristentum als »Agape« bezeichnet wurde.

Zahlreich sind die Berichte von frommen Pilgern, die sich eine Nacht schlafend in einem Märtyrerheiligtum aufgehalten hatten und im sogenannten »Tempelschlaf« göttliche Offenbarungen empfangen oder wunderbare Heilungen von ihren körperlichen Gebrechen erlebt haben wollen[7]. Einige von ihnen behaupteten sogar, ihnen sei im Traum ein unbekannter Märtyrer erschienen und hätte ihnen mitgeteilt, wo seine Gebeine bestattet seien. Bei Grabungen an den angegebenen Stellen fand man dann tatsächlich die Gebeine.

Der berühmte koptische Schriftsteller Apa Schenute verurteilte solche Traumerfahrungen aber als heidnische Praktiken sowie als Irr- und Aberglauben.

---

6 Baumeister, a. a. O., S. 72.

7 Wurst, a. a. O., S. 33.

B. Chronologie der koptischen Kirche und ihrer Verfolgung

Die Geschichte des Christentums in Ägypten begann mit der Geburt Jesu und wurde besonders geprägt durch die Flucht der Heiligen Familie nach Ägypten, wo sie sich nach den Überlieferungen der koptischen Kirche und dem Matthäusevangelium (Matthäus 2,15) insgesamt dreieinhalb Jahre aufgehalten haben soll.

Die Fluchtgeschichte ist eine Verfolgungsgeschichte und hängt deshalb eng mit unserem Thema der Verfolgung der ägyptischen Christen und deren Märtyrertum zusammen. Überall in Ägypten, wo die Heilige Familie der Überlieferung nach gerastet oder gewohnt hat, entstanden Stätten der Verehrung, die noch heute von Christen, insbesondere von koptischen Pilgern aus aller Welt besucht werden.

1. Der Aufenthalt der Heiligen Familie in Ägypten

Die Erzählung über die Flucht der Heiligen Familie nach Ägypten ist eng mit der Weihnachtszeit und der Weihnachtsgeschichte verknüpft. Sie ist durch Matthäus in seinem Evangelium (2,13-23) überliefert und ist die Geschichte von der Verfolgung und Errettung des Jesuskindes.

Die Stelle im Matthäusevangelium hat folgenden Wortlaut:

»Als sie [die Magier] fortgezogen waren, siehe da erschien ein Engel des Herrn im Traum dem Josef, der sprach: »Steh auf, nimm das Kind und seine Mutter und flieh nach Ägypten und bleibe dort, bis ich es dir sage, denn Herodes will das Kind suchen, um es umzubringen.« Er aber stand auf, nahm das Kind und seine Mutter bei Nacht und zog fort nach Ägypten. Und es blieb dort bis nach dem Tod des Herodes, damit erfüllt werde, was vom Herrn durch den Propheten gesagt war, der spricht: Aus Ägypten habe ich meinen Sohn gerufen.

Daraufhin wurde Herodes sehr zornig, als er sah, dass er von den Magiern getäuscht worden war. Und er sandte aus und ließ alle Kinder in Bethlehem und in all seinen Grenzen töten, die zweijährig und darunter waren, gemäß der Zeit, die er von den Magiern erforscht hatte. Da erfüllte sich, was gesagt wurde vom Propheten Jeremias, der spricht: »Eine Stimme hört man in Rama, großes Weinen und Klagen. Rahel beweint ihre Kinder und wollte sich nicht trösten lassen, denn sie sind nicht mehr.«

Als aber Herodes gestorben war, siehe, da erschien ein Engel des Herrn im Traum dem Josef in Ägypten, der sprach: »Steh auf, nimm das Kind und seine Mutter und zieh in das Land Israel, denn sie sind gestorben, die dem Kind nach dem Leben trachteten.«

Er aber stand auf, nahm das Kind und seine Mutter und zog ein in das Land Israel. Als er aber hörte, dass Archelaos König von Judäa war anstelle seines Vaters Herodes, fürchtete er sich, dorthin zu gehen. Als er aber im Traum Weisung empfangen hatte, begab er sich in die Gebiete Galiläas und ließ sich nieder in einer Stadt, die Nazareth heißt, damit erfüllt werde, was gesagt ist durch die Propheten: Er soll Nazaräer heißen.«

Die Geschichte von der Flucht der Heiligen Familie nach Ägypten knüpft mit ihrem Beginn »als sie fortgezogen waren« an die Begegnung der drei Magier oder Könige mit Herodes an. Es wird deshalb die Ansicht vertreten, dass die Fluchtgeschichte eine spätere Anreicherung der vorhergehenden Magiergeschichte ist[8].

---

8 Vgl: so z. B. von Gnilka, Das Matthäusevangelium, S. 47.

Die Fluchtgeschichte schließt sich unmittelbar an die Weihnachtsgeschichte an und ist wie die Geburt Christi in das Jahr 7 v. Chr. zu datieren. Der Aufenthalt in Ägypten dauerte nach koptischen Überlieferungen dreieinhalb Jahre bis zum Tode des Herodes, der in das Jahr 4 v. Chr. fiel.

An die Ankunft der Heiligen Familie in Ägypten wird alljährlich in den koptischen Kirchen am 1. Juni (24. Bashons) mit den Worten des Lobpreises gedacht:

»Sei glücklich und freue dich, oh Ägypten, und deine Söhne und deine Grenzen, denn zu dir ist gekommen, der alle Menschen liebt, der da ist von aller Ewigkeit.«

Die Fluchtgeschichte ist als Erfüllungsgeschichte alttestamentlicher Propheten konzipiert. So hatte bereits der Prophet Jeremias (31,15) den Mord an den unschuldigen Kindern von Bethlehem vorhergesagt: »Ein Geschrei war in Rama zu hören, lauter Weinen und Klagen.«

Über die Flucht nach Ägypten weissagte der Prophet Hosea (11,1): »Als Israel jung war, gewann ich ihn lieb. Ich rief meinen Sohn aus Ägypten.«

Der Weg, den die Heilige Familie auf der Flucht nach Ägypten nahm, ergibt sich nicht unmittelbar aus dem Matthäusevangelium. Wahrscheinlich handelt es sich um den alten, verkehrsreichen Karawanenweg, den die Händler und Siedler von alters her als schnellste und sicherste Verbindung zwischen Israel und Ägypten und umgekehrt benutzt hatten.

Der Karawanenweg führte von Jerusalem zunächst nach Askalon, der alten Philister- und Hafenstadt, die dadurch berühmt wurde, dass Samson dort dreißig Philister tötete (Richter 14,19).

Von Askalon führte der Karawanenweg weiter nach Hebron, eine der ältesten und berühmtesten Städte der damaligen Zeit. Dort soll sich die Heilige Familie nach der armenischen Kindheitsgeschichte 6 Monate in einem Versteck aufgehalten haben.

Anschließend durchquerten sie das Wadi Gaza. Eine Tagesreise von Gaza entfernt erreichten sie Jenysos, eine antike Stadt. Die nächste Stadt auf dem Weg nach Ägypten war Rafah, eine Grenzstadt zwischen dem Gazastreifen und Ägypten. Nach weiteren 44 Kilometern in westlicher Richtung erreichten sie nach einer Zweitagestour das Wadi el Arish, das der »Fluss Ägyptens« genannt wurde und die natürliche Grenze zwischen Palästina und Ägypten bildete (1. Kön. 8,6,5).

Über Fluziat, El Kalles, Mohamadia oder Gara in der Nähe des Bardawi-Sees kam die Heilige Familie schließlich nach Pelusium am südwestlichen Ende des Karawanenwegs, das wegen seiner wirtschaftlichen und strategischen Bedeutung als das »Tor Ägyptens« bezeichnet wurde.

In Pelusium begann die Kriegsstraße, die von den Pharaonen auf ihren Kriegszügen nach Osten genutzt wurde. Von Pelusium aus durchquerte die Heilige Familie die Meerenge bei Al-Quantara, die den Menzalah-See vom Balah-See trennt. Es ist dieselbe Meerenge, die Abraham (Genesis 12,10) und Jakob mit seinen Söhnen auf der Suche nach Joseph auf der alten Karawanenstraße durchquert hatten, bevor sie das Land Gosen und damit ägyptischen Boden betraten.

Das uns aus dem Alten Testament (Genesis 45,10) bekannte Land Gosen war ein dreieckförmiger Landstrich an der Grenze zu Palästina. Es war Teil der altägyptischen Provinz Arabia mit der Hauptstadt Per Soped, die von dem Ägyptologen E. Naville beim heutigen Saft el-Hinna ausgegraben wurde.

Über dieses Land sagte der Pharao in der Josephgeschichte anlässlich des Besuches des Vaters und der Brüder zu Joseph: »Dein Vater und deine Brüder sind zu dir gekommen. Ägypten steht dir zur Verfügung. Siedele deinen Vater und deine Brüder im besten Teil des Landes an. Sie mögen im Lande Gosen bleiben. Und findest du, dass tüchtige Leute unter ihnen sind, so mache sie zu Aufsehern über meine eigenen Herden.«

Dieses Land Gosen, das vom Pharao wegen seiner Fruchtbarkeit als bester Teil Ägyptens gelobt wurde, lag im östlichen Teil des Nildeltas, dem Theku Gau nahe der Grenze zum Sinai.

Zur Provinz Gosen gehörten vor allem die berühmte Stadt Pithom und die Ramsesstadt, die nach der Schilderung des Alten Testamentes (Exodus 1,11) von den Israeliten für den Pharao Ramses II. gebaut worden sind. Da die Israeliten von Natur aus Viehzüchter waren, mussten ihnen diese Bau- und Ziegeleiarbeiten besonders hart und beschwerlich vorgekommen sein. Die Bibel berichtet darüber: »Die Ägypter erschwerten ihnen das Leben durch harte Fron bei Lehm und Ziegeln und allerlei Feldarbeit« (Exodus 1,14).

Pithom war die ägyptische Stadt Per Atum, Haus des Atum, Ramsesstadt, die Deltaresidenz Ramses' II., die dieser in Erinnerung an seine großen Siege auf den Schlachtfeldern »Groß an Siegen« benannte.

Auf ihrem Weg weiter nach Westen kam die Heilige Familie nach Tel Basta (Bastat), dem ehemaligen Bubastis, wo die Katzengottheit Bastet verehrt wurde. Auch ansonsten war die Stadt voller Götterbilder. Bei der Ankunft der Heiligen Familie sollen diese zu Boden gefallen sein. Hier ließ das Jesuskind eine Wasserquelle aus dem Boden sprudeln. Ansonsten blieb die Stadt der Heiligen Familie in schlechter Erinnerung aufgrund eines Vorkommnisses, das in der Vision des Theophilus beschrieben ist. Danach traf die Heilige Familie in Bubastis auf zwei Räuber, die versuchten, die Kleidung von Jesus und Maria zu rauben. Dabei sollen sie dem Jesuskind die goldenen und silbernen Sandalen abgenommen haben. Seine betrübte Mutter soll Jesus mit einem Wasserwunder getröstet haben, bei dem sich der Erdboden öffnete und aus ihm eine Wasserquelle hervorgekommen sein soll.

Danach reiste die Heilige Familie weiter nach Mostorod (Al Hamma, ca. 10 km von Kairo). Der Name der Stadt Al Hamma bedeutet »ein Ort zum Baden« und wurde so benannt, weil Maria das Jesuskind hier badete und seine Kleidung wusch. Auf ihrem Rückzug aus Ägypten passierte die Heilige Familie erneut Mostorod, wo das Jesuskind eine Quelle hervorsprudeln ließ.

Von Mostorod zog die Heilige Familie ostwärts nach Belbes (Philobos). Hier saß die Heilige Familie im Schatten eines Baumes, der als »Baum der Jungfrau Maria« bekannt ist. Von Belbes im Norden zogen sie weiter in Richtung Westen bis Mineyet Samanoud. Von dort aus setzten sie ihre Reise fort und überquerte den Nil im Delta nach Samanoud. Die Bevölkerung des Ortes empfing sie herzlich und erhielt Jesu Segen. In dieser Stadt gibt es einen irdenen Backtrog. In diesem Trog hat Maria während ihres Aufenthaltes Brot gebacken. Die Heilige Familie setzte ihre Reise von Samanoud nach Westen fort und kam nach Burullus und anschließend nach Sakha. Hier blieb der Fußabdruck des Jesuskindes auf einem Stein zurück. Über lange Zeit wurde dieser Stein aus Angst vor Räubern versteckt gehalten und erst vor kurzem wiederentdeckt.

Von Sakha aus überquerte die Heilige Familie auf ihrer Weiterreise in das westliche Delta erneut den Nil und erreichte in südlicher Richtung ziehend das Wadi Natrun, das vom Jesuskind und Maria gesegnet wurde. Vom Wadi Natrun reisten sie in südliche Richtung nach Kairo bis nach Heliopolis, dem altägyptischen On, dem berühmten religiösen und geistigen Zentrum des Sonnenkultes, der Verehrung des Sonnengottes Re, und sie kam bis nach Matariyah. Überall auf der Wegstrecke bezeugten Wunder die Anwesenheit der Heiligen Familie.

In Matariyah rastete die Heilige Familie unter einem Balsam- oder Palmbaum, der als »Mariabaum« bekannt wurde. Unter diesem Baum stillte Maria den Jesusknaben wie einst die altägyptische Göttin Isis ihren Sohn Horus. Dabei sagte Maria zu Joseph, dass sie gerne von den Früchten des Baumes essen möchte. Da gebot Jesus der Palme, seine Mutter von ihren Früchten kosten zu lassen. Daraufhin beugte sich die Palme zu Maria hinab und bot ihr ihre köstlichen Früchte an. Jesus befahl der Palme, sich wieder aufzurichten und sie von dem Wasser trinken zu lassen, das aus einer Quelle unter ihren Wurzeln sprudelte. In dem Wasser wusch Maria auch die Kleidung des Jesuskindes und goss das Wasser anschließend auf den Boden. An dieser Stelle spross eine aromatische Pflanze. Mit ihrem schönen Duft ist sie bis heute als »Balsampflanze« bekannt und liefert Ingredienzen zur Herstellung des heiligen Salböls.

Heute steht an der Stelle des Mariabaumes eine Sykomore, die 1672 an dessen Stelle gepflanzt worden war. Nachdem diese am 14. Juni 1906 umgefallen war, erinnert heute nur noch ein Ableger dieses Baumes an den Aufenthalt der Heiligen Familie in Matariyah.

Gegenüber dem Mariengarten befindet sich seit 1904 eine Jesuitenkapelle, die mit eindrucksvollen Wandmalereien von der Flucht der Heiligen Familie nach Ägypten ausgestattet ist sowie die koptische Marienkirche.

Von Matariyah begab sich die Heilige Familie nach Alt-Kairo. Auf ihrem Weg dorthin machten sie eine Weile in Zeitoun Rast. Auf dem Weg von Zeitoun nach Alt-Kairo passierte die Heilige Familie die Stelle, wo sich heute die altertümliche Marienkirche befindet.

Zeitoun wurde wegen einer Marienerscheinung am 2. April 1968 berühmt. An diesem Tag sah ein muslimischer Wachmann abends gegen 20.30 Uhr eine leuchtende Frau auf der koptischen Marienkirche. Sie hatte die Gestalt eines schmalen, jungen Mädchens, ganz in Weiß gekleidet. Dieses kniete neben dem Kreuz auf der mittleren größten Kirchenkuppel. Bis nach Mitternacht dauerte die Erscheinung an, dann verschwand sie plötzlich. Sie erschien danach zunächst regelmäßig, dann nur noch sporadisch bis zu ihrer letzten Erscheinung am 29. Mai 1971. Bis zu einer Million Menschen, Muslime wie Christen, Ägypter wie Ausländer sollen die Erscheinung gesehen haben. Es soll sogar ein Foto von dieser Erscheinung von einem der Direktoren, Ali Ibrahim des Ägyptischen Museums in Kairo, existieren[9].

In Alt-Kairo, wo sich heute zahlreiche koptische Kirchen und Klöster sowie andere bedeutende Sehenswürdigkeiten befinden, wie z. B. die Sergiuskirche sowie die Marienkirche, bekannt als »Hängende Kirche«, die Kirche der Heiligen Barbara, die Kirche Sankt Georg, das Nonnenkloster des Heiligen Georg, die Babylon-Festung sowie die jüdische Synagoge Ben Ezra, hielt sich die Heilige Familie nur wenige Tage auf, da die Götterbilder umstürzten und zerbrachen. Das erboste den Herrscher über Alt-Kairo so sehr, dass er das Jesuskind töten wollte. Daraufhin nahm die Heilige Familie Zuflucht in einer Grotte, die sich heute in der Kirche Sankt Sergius in Alt-Kairo befindet.

Von Alt-Kairo zog die Heilige Familie weiter in Richtung Süden bis nach Maadi in die Nähe der altägyptischen Residenzstadt Memphis. Von dort aus setzte die Heilige Familie ihre Reise mit einem Segelboot auf dem Nil fort. Die Heilige Familie bestieg das Boot an einer Stelle, an der später die Marienkirche mit drei Kuppeln errichtet wurde. Der Name Maadi kommt von dem arabischen adda = überqueren, ein Hinweis darauf, dass die Heilige Familie von hier aus ihre Reise über den Nil fortsetzte. Die steinerne Treppe, über welche die Heilige Familie zum Nilufer hinabgestiegen sein soll, ist noch heute ein Wallfahrtsort, zu dem man über den Hof der Kirche gelangt.

Hier fand ein junger koptischer Diakon mit Namen Megalli am 12. März 1976 auf dem der Kirche gegenüber

---

9 Hesemann, Jesus in Ägypten, S. 216.

liegenden Ufer eine Bibel auf dem Nil treiben. Aufgeschlagen war die Seite mit der Stelle aus dem Buch des Propheten Jesaja, Kapitel 19,19-25: »Gesegnet bist du, Ägypten, mein Volk ...«. Die schwimmende Bibel wird heute von den Kopten wie eine Reliquie verehrt. An derselben Stelle soll die Tochter des Pharao den kleinen Moses in einem Binsenkorb im Schilf gefunden haben.

Von Maadi segelte die Heilige Familie nilaufwärts bis nach Oberägypten. Auf ihrer Reise gelangte sie dabei in das Dorf Deir al Garnos im Distrikt Marghagha. Dort befindet sich an der Westseite der dort errichteten Marienkirche eine Quelle, aus der nach der Überlieferung die Heilige Familie getrunken haben soll. Von dort ging es weiter nach Al-Bahasna, dann in südliche Richtung bis nach Samalot. Dort überquerten sie den Nil an einer Stelle, wo heute das Marienkloster am Berg Al-Tayr (Akors) steht. Hier verweilte die Heilige Familie in einer Grotte, welche heute Bestandteil einer dort errichteten Kirche ist. Der dortige Berg trägt den Namen »Berg der Handfläche«, weil sich dort während des Aufenthaltes der Heiligen Familie ein Felsbrocken löste, der sie beinahe erschlagen hätte. Jedoch soll das Jesuskind seine Hand ausgestreckt und den Felsbrocken aufgehalten haben, so dass er nicht auf sie stürzen konnte. Die Handfläche des Jesuskindes soll daraufhin in dem Felsbrocken einen Abdruck hinterlassen haben.

Nachdem die Heilige Familie die Gegend um den Berg Al-Tayr verlassen hatte, überquerte sie den Nil vom östlichen zum westlichen Ufer und begab sich nach Ashmonin, dem antiken Hermopolis magna, dem Hauptkultort des Schreibergottes Thot. Hier geschahen viele Wunder. Die Götterbilder fielen zu Boden und die Heilige Familie segnete die Bewohner des Ortes. Von dort setzte die Heilige Familie ihre Reise weitere 20 Kilometer in südliche Richtung bis nach Sayruth Al-Sharif (Philes) und von dort in das Dorf Qoskam fort. Auch dort fiel das von den Bewohnern angebetete Götterbild zu Boden und zerbrach. Daraufhin verjagten die Dorfbewohner die Heilige Familie. Der ganze Ort wurde deshalb zerstört. Auf ihrer Flucht vor den Bewohnern von Qoskam kam die Heilige Familie in den Ort Meir, wo sie von den Bewohnern voller Gastfreundschaft aufgenommen wurde. Dafür empfingen sie den Segen der Heiligen Jungfrau und des Jesuskindes. Von Meir aus begab sich die Heilige Familie zum Berge Qosqam, wo sich das heutige El Muharrak-Kloster befindet. Dieses Gebiet ist eine der wichtigsten Stationen, an denen sich die Heilige Familie niederließ und wird heute noch als das »Zweite Bethlehem« bezeichnet. Hier verweilte die Heilige Familie ungefähr 6 Monate und zehn Tage in einer Grotte, die später Bestandteil der alten Kirche an der Westseite des Klosters wurde. Der Altar dieser Kirche besteht aus einem Felsen, auf dem laut Überlieferung das Jesuskind gesessen hatte.

An der Stelle des jetzigen Klosters erschien der Engel des Herrn dem Joseph nach sechs Monaten im Traum und sagte: »Steh auf, nimm das Kind und seine Mutter und zieh hin in das Land Israel; welche dem Kinde nach dem Leben trachteten, sind nicht mehr« (Matthäus 2,20,21). Auf ihrem Rückweg nahm die Heilige Familie eine andere Route, die weiter südlich bis Assiut und zum Berg Doronka verlief. Den Berg segnete sie. 8 Kilometer südwestlich von Assiut wurde später ein Kloster im Namen der Heiligen Jungfrau Maria errichtet. Die Heilige Familie kam wieder nach Alt-Kairo, setzte ihren Weg über Matariyah und Al Mahma fort und gelangte schließlich wieder über den Sinai nach Palästina, wo sie sich im Dorf Nazareth in Galiläa niederließ. Die Fluchtgeschichte ist eine Geschichte von Verfolgungen und Vertreibungen, ein Thema das für die Kopten und ihre Geschichte im weiteren Verlauf von zentraler Bedeutung werden sollte. Als zentrales Motiv liegt ihr das Motiv vom verfolgten Königskind zugrunde, das sich im Altertum in zahlreichen Lebensgeschichten von großen Herrscher- und Erlöserpersönlichkeiten wiederfindet. Dieses Motiv findet sich vor allem in den Lebensbeschreibungen großer Persönlichkeiten der Antike wie z. B. bei Sargon I., Kyros, Romulus und Remus, Augustus und Nero.

Ein ähnliches Motiv, das vom Motiv vom Stern, der bei der Geburt Jesu über Bethlehem erschienen sein soll, wurde ebenfalls aus dem antikem Volksglauben bzw. der Geschichtsschreibung entnommen. Der Stern war dabei ein antikes Motiv, das die Geburt von großen Herrschern wie Aeneas, Augustus und Alexander dem Großen ankündigte. Das biblische Verfolgungs- und Sternmotiv ist in erster Linie im antiken Volksglauben verhaftet. Die Fluchtgeschichte des Matthäusevangeliums wird von vielen neutestamentlichen Wissenschaftlern als redaktionelle Einfügung in den Grundtext des Evangeliums betrachtet und deshalb ihre Historizität in Frage gestellt. Sie verweisen vor allem darauf, dass die sonstigen Schriften des Neuen Testamentes von diesem Ereignis nicht berichten. So besteht die Kindheitsgeschichte beim Evangelisten Lukas nur aus der Weihnachtsgeschichte, der wunderbaren Geburt Jesu im Stall von Bethlehem.

So hat z. B. Professor Fabry vom Alttestamentlichen Seminar der Universität Bonn in seinem Vortrag mit dem Thema »Die Heilige Familie in Ägypten, Alttestamentliche Vorbilder und Aspekte« am 4. Juni 2000 in der koptisch-orthodoxen Kirche in Düsseldorf [10] darauf hingewiesen, dass es im frühen Christentum eine weit verbreitete Tradition eines Aufenthaltes der Heiligen Familie in Ägypten gab. Diese wurde von den ägyptischen Christen besonders gepflegt. Insbesondere der frühe Einsatz, die Stärke und Verbreitung dieser Tradition sowie auch die jüdische Polemik dagegen sind nach Ansicht Fabrys Indizien für eine echte historische Verwurzelung

10 Boochs, Die Flucht nach Ägypten, S. 87.

dieser Tradition. Mit der Fluchtgeschichte bezweckte der Evangelist Matthäus vor allem, Jesus in die elementaren Traditionen Israels einzubinden, indem er ihn als den neuen und größeren Moses und damit als den Repräsentanten des neuen Exodus hinstellte. Wie Gott Moses als Erretter der Israeliten aus Ägypten herausrief, so ruft er nun seinen wahren Sohn aus Ägypten. Es ist typisch für den Evangelisten Matthäus, dass er sein Evangelium mit zahlreichen Zitaten durchsetzt hat, die zeigen sollen, dass in der Person Jesus Christus die Ankündigungen und Verheißungen der Propheten des Alten Testamentes in Erfüllung gegangen sind.

2. Das Wirken des Evangelisten Markus

Markus gilt nach altchristlicher Tradition vor allem als Verfasser des anonym verfassten Markusevangeliums. Theologisch gehört das Markusevangelium, das sich durch genaue historische Angaben sowie durch eine knappe und präzise Erzählweise auszeichnet, zu den synoptischen Evangelien. Es wird auf eine Zeit vor dem Jahr 70 datiert.

Über den historischen Markus ist wenig bekannt. Er soll im nordafrikanischen Libyen, in der Stadt Cyrene im Bezirk Pentapolis drei Jahre nach Christi Geburt als Sohn jüdischer Eltern Aristopolus und Maria geboren worden sein. Er entstammte einer wohlhabenden und kosmopolitischen Familie, die dem Priesterstamm der Leviten angehörte. Kurz nach seiner Geburt zogen die Eltern nach Palästina und ließen sich in Kanaan in Galiläa unweit von Jerusalem nieder. Wenige Jahre danach starb sein Vater und sein Onkel Simon Petrus kümmerte sich um ihn wie um einen Sohn. Er sorgte dafür, dass er eine gute Ausbildung erhielt. Markus soll Rechtswissenschaften studiert haben. Auch soll er der Vetter des Leviten Barnabas aus Zypern (Kol. 4,10) gewesen sein. Der König Herodes hatte dort Kupferminen zur Produktion von Bronze gepachtet. Die Identität des Verfassers des Markusevangeliums mit dem Namensträger im Neuen Testament ist wissenschaftlich umstritten.

Markus oder auch Johannes Markus war nach der Apostelgeschichte (12,12) ein Judenchrist in Jerusalem. Das Haus seiner Mutter, Maria von Jerusalem, in der Oberstadt Jerusalems gelegen, wurde zum Mittelpunkt der Jerusalemer Urgemeinde. Sie gewährte Mitgliedern der Urgemeinde anlässlich der ersten Christenverfolgung unter König Herodes Agrippa Unterschlupf (Apg 12,12-17). In dem Haus der Maria soll auch das letzte Abendmahl stattgefunden haben. Die Familie der Maria gilt auch als der Besitzer des Ölgartens Getsemane. Es wurde vermutet, dass es sich bei Markus um den in seinem Evangelium (Mk 14,51-52) erwähnten unbekannten jungen Mann gehandelt haben soll, der Augenzeuge bei der Gefangennahme Jesus gewesen war und der, nachdem er von einem römisch Soldaten am Gewand festgehalten wurde, dieses abstreifte und nackt floh. Markus wurde nach der Apostelgeschichte (13,4) von Barnabas und Paulus auf ihre erste Missionsreise mitgenommen. Er hielt aber nicht durch und kehrte schon bald nach Perge in Pamphylien um.

Zur zweiten Missionsreise wollte Barnabas seinen Vetter wieder mitnehmen, aber Paulus weigerte sich. Er warf Markus vor, in Pamphylien von ihnen gewichen und nicht an das Werk gegangen zu sein. Daraufhin fuhr Barnabas allein mit Markus nach Zypern (Apg. 15,36-40). Später besserte sich das Verhältnis zwischen Markus und Paulus, der sich während der ersten Gefangenschaft von Paulus in Rom aufhielt (Kol. 4,10; Phlm. 24). Bei seiner zweiten römischen Haft bat Paulus den Timotheus sogar um das Kommen von Markus (2. Tim. 4,11). Markus soll sich in Rom auch bei Petrus aufgehalten haben, der ihn seinen Sohn nannte (1. Petr. 5,13). Dabei soll er nach einem Bericht von Papias aus dem Jahr 130 die Lehren von Petrus übersetzt und niedergeschrieben haben. Nach dem Tod des Königs Herodes Agrippa im Januar 44 kehrte Petrus nach Jerusalem zurück. Markus dagegen reiste nach Alexandria.

3. Markus als Apostel der Ägypter

Seit Markus Ankunft in Alexandria, ab dem Jahr 44, wurde Ägypten durch diesen Evangelisten missioniert. Hierüber schrieb Eusebius von Caesarea im Jahre 303 n. Chr. in seiner Kirchengeschichte: »Man sagt, Markus sei von Petrus nach Alexandrien geschickt und habe dort im Nillande Kirchen gegründet.«[11]

Nach Eusebius kam Markus im ersten oder dritten Regierungsjahr von Kaiser Claudius, also im Jahre 41/42 n. Chr. oder 43/44 n. Chr. nach Alexandria und begann damit sein Werk, die Missionierung Ägyptens. Nach weiteren Aufenthalten in Antiochia im Jahre 46, in Zypern im Jahre 47 sowie anschließend von 49 bis 50 wiederum in Antiochia hielt er sich wohl zwischen 50 und 62 n. Chr. erneut in Alexandria auf, unterbrochen von einem Aufenthalt in Rom in der Zeit von 58 bis 62, wo er zusammen mit Paulus wirkte. Die Daten über diesen Aufenthalt sind jedoch unsicher. Nach den Apokryphen »Acta Marci« soll Markus von Zypern kommend zunächst nach Pentapolis gesegelt sein und von dort weiter nach Alexandria[12]. Markus wurde zum Begründer des Christentums und damit der koptischen Kirche in Ägypten. Insoweit wird

11 Eusebius von Caesarea, HE II, 16.

12 Vgl: Meinardus, Otto F. A., Two Thousand Years of Coptic Christianity, S. 29.

er von den Kopten als der erste Patriarch von Alexandria (43-63) in der langen Reihe von insgesamt derzeit 118 Patriarchen (Päpsten) ihrer Kirche angesehen.

Die Liste der koptischen Päpste bis heute lautet:

1. Markus, der Evangelist
2. Anianus
3. Mielou
4. Kerdonou
5. Epriemou
6. Iustus
7. Oumenius
8. Makarios
9. Kalavtianos
10. Agreppinus
11. Julian
12. Demetrios
13. Yaraklas
14. Dionysius
15. Maximus
16. Theona
17. Petrus
18. Archeiaus
19. Alexander
20. Athanasius
21. Petrus II.
22. Timotheus
23. Theopheius
24. Kyrill I.
25. Dioskur
26. Timotheus II.
27. Petrus III.
28. Athanasius II.
29. Johannes I.
30. Johannes II.
31. Dioskur II.
32. Timotheus III.
33. Theodosius I.
34. Petrus IV.
35. Damian
36. Anastasius
37. Andronikus
38. Benjamin I.
39. Aghatho
40. Johannes III.
41. Isaak
42. Simeon I.
43. Alexander II.
44. Kosma I.
45. Theodor
46. Khail I.
47. Menas I.
48. Johannes IV.

49. Markus II.
50. Jakob
51. Simeon II.
52. Yousab I.
53. Khail II.
54. Kosma II.
55. Schenuda I.
56. Michael I.
57. Gabriel I.
58. Kosma III.
59. Makarius I.
60. Theophelios
61. Menas II.
62. Abraham
63. Philotheos
64. Zacharias
65. Schenuda II.
66. Khristosolos
67. Kyrill II.
68. Michael II.
69. Makarios II.
70. Gabriel II.
71. Michael III.
72. Johannes V.
73. Markus III.
74. Johannes VI.
75. Kyrill III.
76. Athanasius III.
77. Gabriel III.
78. Johannes VII.
79. Theodosius III.
80. Johannes VIII.
81. Johannes IX.
82. Benjamin II.
83. Petrus V.
84. Markus IV.
85. Johannes X.
86. Gabriel IV.
87. Matthäus I.
88. Gabriel V.
89. Johannes XI.
90. Matthäus II.
91. Gabriel VI.
92. Michael IV.
93. Johannes XII.
94. Johannes XIII.
95. Gabriel VII.
96. Johannes XIV.
97. Gabriel VIII.
98. Markus V.
99. Johannes XV.
100. Matthäus III.
101. Markus VI.
102. Matthäus IV.
103. Johannes XVI.
104. Petrus VI.
105. Johannes XVII.
106. Markus VII.

107. Johannes XVIII.
108. Markus VIII.
109. Petrus VII.
110. Kyrill IV.
111. Demetrius II.
112. Kyrill V.
113. Johannes XIX.
114. Makarius III.
115. Yousab II.
116. Kyrill VI.
117. Schenuda III.
118. Tawrados II.

Nach koptischer Überlieferung war der erste Ägypter, den Markus missionierte, Anianus. Nach der Überlieferung soll Markus nach Rakhotis gekommen sein. Dort sollen beim Gehen über einen steinigen Pfad die Schnüren seiner Sandalen gerissen sein. Er wandte sich an einen Schuster namens Anianus, der ihm die Sandalen reparierte. Dabei stach Anianus sich beim Reparieren mit dem Werkzeug in eine Hand und schrie laut: »Gott ist einer«. Daraufhin nahm Markus die verletzte Hand und heilte sie. Anianus und seine Familie bekehrten sich darauf zum christlichen Glauben und ließen sich taufen. Mit der steigenden Anzahl der Ägypter, die sich durch Markus taufen ließen, wuchs die Gefährdung der Christen. Markus ernannte daraufhin Anianus zum Bischof sowie drei Priester und sieben Diakone. Danach begab sich Markus auf eine Missionsreise, die ihn nach Rom, Aquileia und später nach Pentapolis führte. Da wirkte er viele Wunder und bekehrte Menschen zum Glauben. Als er nach zwei Jahren nach Alexandria zurückkehrte, fand er eine gewachsene Anzahl an Gemeindemitgliedern vor. Zu dieser Zeit beunruhigten Gerüchte die heidnische Bevölkerung, dass die Christen die einheimischen Gottheiten zerstören wollten.

Am Ostersonntag, dem 25. April des Jahres 68, als die Alexandriner das Fest ihres Gottes Serapis feierten, ließen sie nach Markus suchen. Sie fanden ihn in der Kirche Bucolia am Osthafen, als die Christen das Osterfest feierten.

Sie ergriffen Markus und sperrten ihn ein. Während der Nacht erschien Christus Markus im Gefängnis, der ihn mit den Worten »Friede sei mit dir, Markus, mein Evangelist« stärkte und ihm die Krone des Märtyrertums versprach. Am anderen Tag ergriffen seine heidnischen Feinde ihn und schleiften ihn an einem Strick durch die Straßen Alexandrias zu Tode. Als sie versuchten, den Leichnam zu verbrennen, soll dieser kein Feuer gefangen haben, weil sich zur gleichen Zeit ein Gewitter mit starkem Regenfall über dem Scheiterhaufen entladen haben sollte. Die Christen nahmen den von den Flammen unversehrten Körper vom Scheiterhaufen und bahrten ihn in der Kirche Bucolia auf, wo sie eine Totenmesse für ihn feierten. Dann beerdigten sie ihn im östlichen Teil der Kirche.

Die Geschichte um Markus ist wissenschaftlich umstritten. So wurde vor allem von Rudolf Pesch ein Wirken des Markus in Alexandria angezweifelt[13]. Im Jahre 311 wurden zur Zeit des Märtyrertums von Petrus I., dem 17. Patriarchen von Alexandria, die Reliquien an einen anderen Ort gebracht. Anschließend wurden sie in der ersten Hälfte des 5. Jahrhunderts, nachdem der Heilige Kyrill in Bucolia eine Kirche zu Ehren des Heiligen Markus gebaut hatte, dorthin zurückgebracht.

In der Mitte des 7. Jahrhunderts, um 646 wurde diese Kirche durch die Araber zerstört und unter dem Patriarchen Isaak (690-692) wieder aufgebaut. Im Jahre 670 berichtete der gallische Bischof Arkulf aus Alexandria: »Dort gibt es eine große Kirche, in der St. Markus, der Evangelist, bestattet wurde. Sein Körper liegt im Ostteil der Kirche begraben, vor dem Altar, und ein quadratischer Marmorblock ruht über ihm.« Im Jahre 912 wurde die Kirche in der Regierungszeit von Al Mutqadir erneut zerstört und nach ihrem Wiederaufbau durch den Patriarchen Christodoulus durch den Sultan Mail al-Kamil

13 Lebe, R., a. a. O., S. 41.

1218 zur Zeit der Kreuzzüge endgültig zerstört. Danach ist sie wahrscheinlich bei einem Erdbeben in den Fluten des Meeres versunken. Dabei soll auch der Schädel des Markus gestohlen und für viel Geld später von den Kopten zurückgekauft worden sein.

Im 9. Jahrhundert gelangten die Gebeine Markus' nach Venedig. Hierüber berichtet Bernhard der Weise wie folgt: »Die Venezianer kamen und stahlen den Körper des Markus und brachten ihn auf ihr Schiff und segelten nach Hause.« Dieses Ereignis der sogenannten »Translatio Sancti Marci« hatte wahrscheinlich während der Amtszeit des Dogen Giustiniano Partecipazio um die Jahreswende 827/828 stattgefunden. Über dieses Ereignis berichtete erst hundertachtzig Jahre später der Historiker Johannes Diaconus, »der Doge Guistiniano alias Justinian habe es am 31. Januar 828 für würdig befunden, die Gebeine des allerheiligsten Evangelisten Markus in Empfang zu nehmen, welche die Venezianer aus Alexandria mitgebracht hatten.« Erst um die Mitte des 11. Jahrhunderts entstand die offizielle Fassung der Translatio Sancti Marci von Andrea Dandolo.

»Im zweiten Jahre des Dogen Justinian wurde die Leiche des heiligen Evangelisten Markus aus Alexandria in Ägypten nach Venedig gebracht. Das hat sich so zugetragen. Vom Kalifen der Sarazenen war die Erbauung eines prächtigen Palastes in Alexandria angeordnet worden, und da es an brauchbarem Baumaterial fehlte, erging der Befehl, marmorne Säulen aus den christlichen Kirchen Ägyptens zu entfernen und zur Verfügung zu stellen. Dieses Gebot erregte unter der ägyptischen Geistlichkeit Schrecken und Verzweiflung. Eben zu dieser Zeit hielten sich in Alexandria zwei vornehme venezianische Kaufherren auf, die Tribunen Bonus aus Malamocco und Rustico aus Torcello, die trotz des vor einiger Zeit ergangenen Verbots mit zehn reich beladenen Schiffen in Alexandria eingelaufen waren, weil sie ein starker Sturm in den dortigen Hafen getrieben hatte. Die sich in Ägypten aufhaltenden Seeleute verrichteten ihre Andacht gewöhnlich in der Kirche des heiligen Markus, in der dessen Leiche aufbewahrt wurde. Als nun auch Bonus und Rusticus in diese Kirche kamen und die anwesenden beiden Geistlichen, den Mönch Stauracius und den Presbyter Theodot, zwei Griechen in tiefer Sorge fanden, fragten sie nach der Ursache und erfuhren von dem Befehl des Kalifen. Jetzt sagten die Venezianer: »Der kostbare Schatz, den ihr in eurer Kirche besitzt, ist in großer Gefahr, von den Sarazenen entweiht und misshandelt zu werden. Übergebt ihn uns, und wir werden ihn so, wie es sich gebührt, zu ehren wissen. Auch soll es euch nicht an den großen Früchten der Erkenntlichkeit unseres Dogen mangeln.«

Überzeugt durch die Argumente der Venezianer, willigten am Ende die beiden Geistlichen ein. Doch musste zunächst die Wachsamkeit sowohl der Christen Alexandrias als auch der sarazenischen Zollbeamten überwunden werden. Die Christen wurden durch die List der Venezianer und ihrer beiden griechischen Verbündeten hinters Licht geführt, indem man in das Grab des Evangelisten einen anderen heiligen Leib legte, während man die Zöllner dadurch täuschte, dass Bonus und Rusticus im oberen Teil der Kiste, die die Reliquie aufgenommen hatte, Schinken und Schweinefleisch aufschichteten, was bekanntlich für die Sarazenen wie für die Juden ein Gegenstand des Abscheus ist. Als nun die Kiste an der Zollstation geöffnet wurde, riefen die Zöllner: Kanzir, Kanzir, was wohl ein Ausdruck des Abscheus ist und fertigten die Ladung ohne weiteres ab. Glücklich brachten Bonus und Rusticus ihren Schatz nach Venedig.«[14]

Nach einer anderen Version sollen die beiden Venezianer den Leichnam des Markus den Mönchen für 50 Zechinen abgekauft haben. Dabei sollen sie die seidene

14 Lebe, R., a .a. O., S. 45.

Hülle, die den Leichnam in Mumienform umschloss, auf der Rückseite aufgeschlitzt und anstelle des Markus den Körper der heiligen Claudia in die Hülle gelegt haben[15]. Dabei soll die Entführung der Reliquie durch ein gewaltiges Unwetter begünstigt worden sein, das die Bewohner Alexandrias fluchtartig in ihre Häuser trieb. Während der Überfahrt soll der heilige Markus die venezianischen Schiffe mehrmals vor dem Kentern bewahrt haben. In Venedig angekommen, wurde die Reliquie dem Dogen Giustiniano feierlich übergeben und für sie eine prächtige Grabeskirche »San Marco« errichtet.

Die gewaltsame Verschleppung der Reliquie des Heiligen Markus nach Venedig wurde von den Venezianern gerechtfertigt mit einer Legende, nach der Markus auf seinen Missionsfahrten durch Italien die noch unbewohnte Lagune von Venedig besucht und dort von einem Engel mit dem Gruß »Pax tibi Marce Evangelista meus«, »Friede dir Markus, mein Evangelist« die Weissagung erhalten habe, hier würden einst seine Gebeine ruhen. Die Überführungsgeschichten stellen jeweils Legenden dar, deren Historizität sehr fragwürdig erscheint. Insoweit blieb auch die Echtheit der venezianischen Markus-Reliquie umstritten. Der Kopf des Markus soll dagegen in Alexandria geblieben sein. Über den Verbleib des Kopfes existieren verschiedene Geschichten. Im Jahr 646 wurde Alexandria von den arabischen, muslimischen Truppen erobert und zerstört, auch die Markus-Kirche mit den Überresten des Evangelisten Markus. In der Geschichte der Patriarchen heißt es über ein Wunder, das sich damals ereignet haben soll:

»Im Jahr 646 eroberten die Moslems Alexandria und brannten die Kirche von Sankt Markus, welche nicht den Kopten, sondern den melkitischen (chalcedonischen)

15 Lebe, R., a. a. O., S. 46.

Christen gehörte, nieder, die gebaut wurde an der Stelle, wo sein Leichnam gefunden wurde. Es war die Stelle zu der der Patriarch Peter, der Märtyrer vor Erleiden des Märtyrertodes kam und Sankt Markus segnete. Beim Brand dieser Kirche geschah ein Wunder, als der Kapitän des Schiffes des Grafen Sanutius über die Mauer der Kirche kletterte und zu dem Schrein kam, in dem sich die Überreste des Heiligen Markus befanden. Er fand, dass die Tücher, in denen der Leichnam des Markus eingewickelt war, fehlten. Die Plünderer, welche wohl Geld in dem Schrein erwarteten, nahmen nur das Tuch mit und ließen die Gebeine des Heiligen Markus in dem Schrein zurück. Der Kapitän griff in den Schrein und fand den Kopf des Heiligen. Er nahm den Kopf mit und versteckte ihn auf seinem Schiff unter dem Gepäck. Als das Schiff auf wunderbare Weise gehindert wurde den Hafen von Alexandria zu verlassen, brachte der Kapitän den Kopf des Heiligen zum Patriarchen Benjamin zurück. Dieser ließ eine Kiste für den Kopf des Heiligen herstellen und bewahrte in darin auf bis zum Wiederaufbau der zerstörten Kirche. Die Kiste mit dem Kopf des Markus wurde jeweils Bestandteil der Zeremonien anlässlich der Einführung eines neuen Patriarchen.«[16]

Diese Geschichte vom Kopf des Markus stammt wahrscheinlich aus dem 12. Jahrhundert, als der Kopf des Heiligen Markus eine zentrale Bedeutung bei der Wahl und Ernennung eines neuen koptischen Patriarchen erlangte. Es ist jedoch wahrscheinlicher, dass der Körper des Markus mit dem Kopf geraubt wurde. Die Legende um den Kopf des Markus, der angeblich in Alexandria verblieb, entstand wohl erst danach, als die Reliquie des Heiligen Markus für liturgische Zwecke, insbesondere bei der Einsetzung eines Patriarchen wichtig wurde. Vor allem aus der Geschichte der Patriarchen der koptischen

16 Patrologia Orientalis Vol. I, S. 494–500.

Kirche ergibt sich, dass vom 11. bis zum 14. Jahrhundert der Kopf des Markus in eine wichtige Rolle in der Geschichte und Tradition der koptischen Kirche spielte.

So berichtete der Bischof Michael von Tinnis im 11. Jahrhundert, Verfasser der Biographien der Patriarchen von Khail (880-907) bis Schenuda II. (1032-1046), dass während des 11. Jahrhunderts der Kopf des Heiligen Markus in dem Kloster Sank Makarios im Wadi Natrun aufbewahrt wurde. Kurz nachdem sich der 64. Patriarch von Alexandria, Zacharias (1004-1032), in das Wadi Natrun zurückgezogen hatte, soll ein türkischer Emir den Kopf erhalten haben mit den Worten: »Die Christen werden alles bezahlen, was du für ihn verlangst.« Er soll ihn danach nach Kairo gebracht haben. Als Buqayra al-Rashidi davon gehört hatte, soll er den Kopf für 300 Dinare von dem Türken gekauft und wiederum in das Makarioskloster im Wadi Natrun zurückgebracht haben. Von dort wurde der Kopf in der Mitte des 11. Jahrhunderts nach Alexandria gebracht. Dort wurde er zur Zeit des Patriarchen Christodoulus (1047-1077), dem 66. Patriarch von Alexandria aufbewahrt. Anschließend ergibt sich aus der Biographie des Kyrill III. (1253-1243), des 65. Patriarchen von Alexandria, dass der Kopf sich im Haus des Ibn al-Shukri befand. Andererseits behaupteten venezianische Kaufleute bei ihren Aufenthalten in Kairo und Alexandria, dass sich in Venedig der ganze Körper, einschließlich des Kopfes des Heiligen Markus befände. Es wurde für diesen Fall angenommen, dass es sich bei dem Kopf um den des Patriarchen Petrus I. handelte, der in der Nähe der Kirche Bucolia, wo sich die Gebeine des Heiligen Markus befanden, enthauptet wurde.

Seit dem dreizehnten Jahrhundert sind alle Spuren vom Verbleib der Kiste mit dem Haupt des Heiligen Markus verschwunden[17]. Im 14. Jahrhundert schrieb der

17 Meinardus, O., Coptic Saints and Pilgrims, S. 63.

koptische Theologe Abu al-Barakat Ibn Kabar über den Kopf des Evangelisten den Bericht, der zur Standardversion der koptischen Kirche wurde: »Das Märtyrertum des Markus war am Ende des Baramuda, Nisan 27, in der Regierungszeit des Tiberius, von dem gesagt wird, dass er noch begraben ist in der östlichen Kirche an der Küste von Alexandria bis zu der Zeit, als er weggenommen wurde durch einige Franks (al Farany) aus Venedig, wo er nun ist. Und sein Haupt wurde gebracht in ein Haus, wo es sich noch heute befindet.« Was den Ort der Reliquie angeht, so bestätigte Abu al-Barkat die Darstellung des Biographen Kyrills III. Andererseits weist er den Körper des Markus klar Venedig und den Kopf Alexandria zu.

In den sechziger Jahren des vorigen Jahrhunderts wandte sich der koptische Papst Kyrill VI. an den Römischen Papst Paul VI. mit der Bitte um Rückgabe der Reliquien des Evangelisten Markus aus Venedig. Am 20. Juni 1966 kam eine hochrangige koptische Delegation aus Kairo nach Rom zum Heiligen Vater, um das Ersuchen von Papst Kyrill VI. zu überbringen. Am 29. März 1967 gab die koptische Kirche als Ergebnis der Romreise bekannt, dass die Reliquien des Heiligen Markus mit seinem Haupt und den sterblichen Überresten von 42 koptischen Patriarchen in der Markus-Kathedrale in Kairo zusammengeführt und begraben werden sollen. Am 20. Juni 1968 fuhr eine Delegation von Bischöfen und Würdenträgern der koptischen und äthiopischen Kirche nach Rom, um die Reliquien des Heiligen Markus in Empfang zu nehmen. Am 22. Juni 1968 übergab der römische Papst Paul VI. der Delegation die Reliquien, ein kleines Stück Knochen des Heiligen Markus, den der Patriarch von Venedig, Kardinal Giovanni Urbani dem Papst von Rom geschenkt hatte. Die Reliquie wurde aufbewahrt in der Schatzkammer der Markus-Kathedrale. Den Markusschrein, in dem sich die Reliquien des Markus befinden, wollte der Kardinal dagegen nicht öffnen

Spät am Abend des 24. Juni 1968 kam die Delegation in Begleitung einer päpstlichen Delegation aus Rom nach Kairo zurück. Nach der Ankunft wurde die Reliquie von Kyrill VI. persönlich in Empfang genommen und in die Papstresidenz nach Abbasiya gebracht. Da wurde sie zunächst in einer Holzschachtel aufbewahrt. Am 26. Juni 1968, dem Tag nach der Einweihung der neuen Sankt-Markus-Kathedrale in Kairo Abbasiya, wurde ein Gottesdienst zu Ehren des 1900. Gedenktages des Märtyrertums des Heiligen Sankt Markus gefeiert. Seine Reliquie wurde anschließend im Beisein des äthiopischen Kaisers Haile Selassie und des ägyptischen Präsidenten Gamal Abdel Nasser in der Krypta neben dem Hochaltar in einem Block aus Assuan-Granit feierlich bestattet. Zurückgegeben wurde damit nur ein kleines Stück der Gebeine des Heiligen Markus. Die restlichen Reliquien befinden sich weiterhin in Venedig in der Markus-Kathedrale. Unbekannt ist weiterhin auch der Verbleib des angeblichen Kastens mit dem Haupt des Heiligen Markus, so dass das Geheimnis um die Reliquien des Markus weiter besteht.

Am 27. Juli 1968 stattete eine Delegation des römischen Papstes Paul VI. dem melkitisch-griechischen Patriarchen von Alexandria Nicholas VI. ebenfalls einen Besuch ab. Dabei übergab Kardinal Duval ihm ebenfalls ein Reliquiar von Markus. Mit dieser Geste wollte der Vatikan zum Ausdruck bringen, dass er keine der beiden orthodoxen Kirchen, die sich beide auf Markus berufen, bevorteilen wolle.

4. Die Verfolgung der ersten ägyptischen (koptischen) Christen durch die Römer

Vor dem 2. Jahrhundert nach Christi Geburt gab es noch keine Gesetze, die das Christsein unter Strafe stellte. Die Christen wurden zu dieser Zeit noch nicht von Staats wegen aufgespürt und verfolgt, sondern nur im Einzelfall nach Erstattung besonderer Anzeigen. Deshalb fanden Christenverfolgungen nur örtlich und zeitlich begrenzt statt. Lag eine derartige Anzeige gegen einen Christen vor, so wurde er verhaftet und gefragt, ob er Christ sei. Bejahte er diese Frage, so wurde er aufgefordert, beim Genius des Kaisers zu schwören und vor den Götterbildern zu opfern. Weigerte er sich daraufhin, so versuchte der Richter ihn zunächst zu überreden, seine Haltung zu ändern. Er wies dabei auf die Strafen hin, die ihn bei einer Weigerung erwarteten. Blieb er dennoch weiterhin standhaft, so wurde er wegen Majestätsbeleidigung und Gottlosigkeit zum Tod verurteilt.

Bis zu Beginn des dritten Jahrhunderts finden wir über Christenverfolgungen in Ägypten keine historisch verlässlichen Berichte. Der römische Staat verhielt sich gegenüber Religionsformen und -gemeinschaften weitgehend tolerant und neutral, soweit sie nicht die staatliche Ordnung gefährdeten. Bereits von Kaiser Trajan wurde dazu die Grundregel herausgegeben, dass nur direkten Anzeigen nachgegangen werden sollte. Dennoch galt den Römern das Christentum, das mit einer eigenen Organisation international und damit auf Ausbreitung ausgerichtet war, weitgehend als intolerant und subversiv, da es nicht bereit war, wie die anderen Kultvereine sich der staatlichen Ordnung und Oberaufsicht der Römer zu unterwerfen. Erst zu Beginn der Regierungszeit des Kaisers Septimius Severus (193-211) sind die ersten Christenverfolgungen in Ägypten belegbar. Während einer Reise durch die Ostprovinzen des römischen Reiches hatte der Kaiser Septimius Severus festgestellt, dass der Prozentsatz der Christen und Juden sehr hoch war. Daraufhin erließ er im Jahr 201 n. Chr. ein Dekret, dass alle, die sich als Christen hatten taufen lassen, schwer bestraft werden sollen. Bis dahin waren nur die Juden wegen der Aussage im Alten Testament, »Ich bin der Herr, dein Gott, du sollst keine anderen Götter neben mir haben«, ausdrücklich vom Kaiserkult befreit. Der zwischen dem 30. August 199 und dem 23. Mai 200 eingesetzte Präfekt Quintus Marcus Laetus wendete das Dekret mit aller Strenge in Alexandria an.

Dieses Dekret löste eine erbarmungslose Verfolgung der Christen in ganz Ägypten aus. Darüber berichtet Eusebius in seiner Kirchengeschichte. Christen aus ganz Ägypten wurden in Alexandria zusammengetrieben. Die Verfolgung richtete sich vor allem gegen die Katechetenschule von Alexandria. Ihr Vorsteher Clemens konnte sich nur durch Flucht vor der Verfolgung retten. Zu seinem Nachfolger wurde vom Patriarchen Demetrius Origines bestimmt. Nur durch eine List seiner Mutter, die seine Kleider versteckte, um ihn zu zwingen, zu Hause zu bleiben, konnte er vor dem Märtyrertod bewahrt werden. Sein Vater war im Jahre 201 enthauptet worden. In den Zeiten der schlimmsten Verfolgung soll Origenes seinen gefangengenommenen Schülern mit viel Mut beigestanden haben. Er setzte auch seinen Unterricht fort, indem er von einem Haus in das andere wechselte, um der Verhaftung zu entgehen.

Einer der Nachfolger von Septimius Severus, Maximinius Thrax (235-238), ließ vor allem christliche Kleriker im römischen Reich verfolgen. Im Jahre 249 n. Chr. ließ Philipp Arabs (244-249), ein ehemaliger arabischer Beduinenscheich, Christen in Alexandria hinrichten, nachdem ein heidnischer Seher und Dichter den alexandrinischen Pöbel aufgehetzt hatte, die Häuser der Christen zu plündern, wie Dionysius von Alexandria berichtet hat. Der Bischof von Alexandrien, Heraklas (231-247), erhielt damals als erster den Titel »Papst von Alexandrien«. Erst ein halbes Jahrhundert später, seit Papst Siricius (384-399), wurde der Papsttitel auch für den Bischof von Rom benutzt. In den Jahren 249 bis 251 n. Chr. ordnete der Kaiser Decius an, die Christen im ganzen römischen Reich zu verfolgen und zu töten. Anlass bildete die Krise, die das römische Reich in dieser Zeit erfasst hatte. Als Ursache sah man nämlich das gottlose Verhalten der Christen an. Den Christen wurde selbst die Schuld an militärischen Misserfolgen gegeben, da die Götter den Römern den Sieg versagten.

Der römische Mob forderte deshalb »Christianos ad leones«, eine Forderung, der der Kaiser als Vermittler zwischen den Göttern und dem Volk sich nicht entziehen konnte. Er erließ Ende 249 ein Dekret, dass alle Einwohner des römischen Reiches vor Opferkommissionen erscheinen mussten, um dort den Göttern zu opfern. Darüber erhielten sie eine amtliche Bescheinigung ausgestellt, die »Libellus« genannt wurde. Weigerte sich ein Christ, vor dem Bildnis des Kaisers und der Götter zu opfern, war dies nach dem römischen Gesetz eine strafbare Majestätsbeleidigung, Unbelehrbarkeit und Gottlosigkeit. Die standhaft blieben, wurden ins Gefängnis geworfen und gefoltert. Sie verloren ihr Vermögen und einige wurden sogar hingerichtet. Ein Christ konnte durch Bestechung in den Besitz eines solchen Libellus gelangen oder aber in die Wüste fliehen. Einige Christen streuten auch nur Weihrauchkörner. Das wurde von manchen Opferkommissionen als Vollzug des Opfers angesehen.

Aus Ägypten sind uns 41 dieser Libelli überliefert. Eines dieser Dokumente, das sich heute im Berliner Ägyptischen Museum auf der Museumsinsel befindet, hatte folgenden Wortlaut: »An die zur Kontrolle der Opfer gewählte Kommission des Dorfes Alexandru Nesos. Von

Aurelius Diogenes, dem Sohne des Satabus aus dem Dorfe Alexandru Nesos, ungefähr 72 Jahre alt, eine Narbe an der rechten Augenbraue. Ich habe immer den Göttern geopfert und jetzt in Eurer Gegenwart habe ich gemäß den Verordnungen geopfert und Trankopfer gespendet und von dem Opferfleisch genossen und ich bitte Euch, das unten zu bescheinigen. Gehabt Euch wohl! Ich, Aurelius Diogenes habe die Eingabe gemacht. Ich Aurelios Syros, sah dich opfern mit dem Sohne ...onos... im 1. Jahre des Kaisers Caesar Gajus Messius Quintus Trajanus Decius Pius Felix Augustus am 2. Epeiph [= 26. Juni 250].«[18]

Im Jahre 250 wurde Origenes in Alexandria verhaftet, ins Gefängnis geworfen und gefoltert. Eusebius berichtete, dass seine Füße bis zum vierten Loche des Folterblockes gespannt wurden. Er überlebte diese Torturen und starb jedoch im Jahre 254 in Tyrus an den Spätfolgen der Tortur. Auch Dionysios starb in der Kerkerhaft.

Die Intensität der Verfolgung richtete sich nach dem jeweiligen Grad der Christianisierung eines Gebietes sowie nach dem Eifer der Provinzbehörden. Die abgefallenen Christen (lapsi), die den Göttern geopfert hatten, wurden aber klugerweise nach entsprechender Buße wieder in die Kirche aufgenommen. Die Verfolgungen von Decius' Nachfolger Trebenius Gallus (251-253) richteten sich ausschließlich gegen Kleriker. Im Jahre 257 n. Chr. forderte der römische Kaiser Valerian (253-260) mit seinem ersten Dekret von den Christen den Opfervollzug, verbot das Feiern des Gottesdienstes und den Besuch der Friedhöfe. Bischof Dionysis von Alexandria sowie einige andere Kleriker wurden daraufhin verbannt. Im Jahre 258 erließ Kaiser Valerian ein zweites Dekret, dass christliche Kleriker und hohe christliche Beamte, die nicht geopfert hatten, zum Tode verurteilt werden sollten. In Alexandria wurden auch Laien gefoltert und hingerichtet. Der

18 Krause, Christenverfolgung in Ägypten, S. 61.

Nachfolger Valerians, Gallienus (260-268), erließ 260 ein Toleranzedikt, mit dem er die Verfolgung der Christen einstellte und ihnen ihre beschlagnahmten Güter, Kulträume und Friedhöfe zurückgab. Die Christen durften wieder Gottesdienste feiern. Das Christentum wurde damit vom römischen Staat geduldet. Dieser Zustand blieb fast vierzig Jahre bestehen und hatte zur Folge, dass Ägypten zu einem christlichen Land wurde.

5. Die Christenverfolgungen unter Diokletian (284) und seinen Nachfolgern

Diese Zeit der Ruhe und Toleranz unter Gallienus endete abrupt mit dem Regierungsantritt von Diokletian (284-305) am 29. August 284. Die Christenverfolgungen erreichten in Ägypten ihren Höhepunkt. Diokletian, sein voller Name war Gaius Aurelius Valerius Diocletianus, wurde nach 230 in der römischen Provinz Illyrien geboren. Das genaue Geburtsjahr und -tag ist unbekannt. Diokletian machte schnell Karriere im römischen Heer und stieg vom einfachen Soldaten bis zum Kommandanten der Leibwache der Kaiser Carus und Numerianus auf. Nach Numerianus' Ermordung ließ sich Diokletian am 17. November 284 in Nicodemia zum Kaiser ausrufen. Er übertrug den westlichen Teil des römischen Reiches auf Maximianus, den er zum Mitregenten und Kaiser machte. Am 1. Mai 305 dankte Diokletian ab und starb am 3. Dezember 313. Er wurde im Mausoleum bei Salona bestattet. Die Verfolgungen begannen zunächst schleichend. Diokletian bewahrte Alexandria zunächst sogar vor einer Hungersnot. An diese Tat erinnert noch heute die Pompeius-Säule in Alexandria. Die dann beginnenden Verfolgungen waren so grausam und blutig, dass die koptische Kirche mit dem 29. August des Jahres 284

n. Chr., dem »1. Thout«, dem Tag der Thronbesteigung Diokletians, ihre Zeitrechnung als »Jahr 1 der Ära der Märtyrer« beginnen lässt. Der 1. Thout entspricht nach altägyptischer Tradition dem Aufgang des Siriussternes und damit dem Einsetzen der Nilschwelle. Seit der römischen Eroberung im Jahre 30 v. Chr. wurde dieses Ereignis jährlich am 29. August begangen. Dieser Tag galt als Neujahrstag. Mit ihm beginnt bis heute das koptische Kirchenjahr[19]. Das gegenwärtige Jahr 2015 ist das Jahr 1731 der Ära der Märtyrer. Nach seiner Thronbesteigung begann Diokletian zunächst, sein Imperium zu reformieren. Im Jahre 293 führte Diokletian die »Tetrarchie« (Vierherrschaft) ein. Danach wurde das römische Reich von zwei Augusti und zwei Caesares regiert. Er ernannte Maximian zum Mitregenten (Augustus) und Herrscher über den Westen seines Reiches. Er selbst war der Herrscher über den Osten des Imperiums. Den Regenten, den Augusti, sich und Maximian, stellte er die zwei Unterkaiser, Caesares Constantius Chlorus für den Westen und Galerius für den Osten zur Seite.

Die ersten fünfzehn Jahre der Regierungszeit Diokletians verliefen ohne besondere Vorkommnisse für die Christen und weitgehend friedvoll. Christen blieb es sogar möglich, in höchste Staatsämter aufzusteigen. Sie wurden zu Provinzgouverneuren ernannt und hatten jederzeit Zugang zum Kaiserhof. Selbst der Bau von Kirchen wurde ihnen ermöglicht. Im Jahr 298 schlug Diokletian einen Steueraufstand in Ägypten nieder und nahm das von Rebellen besetzte Alexandria ein. Die Wende zu den Christenverfolgungen begann mit einem für den Kaiser Diokletian unglücklichen Ereignis. Im Jahre 299 brachte der Kaiser ein Tieropfer dar. Die anschließende Eingeweideschau durch den Haruspex, den heidnischen

19 Wurst, in: Boochs, Geschichte und Geist der koptischen Kirche, S. 31.

Orakelpriester verhieß dem Kaiser großes Unglück. Dafür machte er die Christen verantwortlich, weil diese sich bei der Zeremonie bekreuzigt hätten. Da Diokletian nunmehr den Zorn der Götter befürchtete, befahl er seinen christlichen Beamten, selbst den heidnischen Gottheiten zu opfern. In seiner Haltung fühlte sich Diokletian durch ein Orakel des Apollos in Milet bestätigt, das ebenfalls den Christen die Schuld an dem ungünstigen Orakelspruch des Haruspex gab.

Die eigentlichen Verfolgungen begannen 16 Jahre nach der Thronbesteigung Diokletians um 300, als Diokletian zunächst nur die christlichen Soldaten und die Christen an seinem Kaiserhof vor die Wahl stellte, ob sie den Göttern opfern oder entlassen werden wollten. Die Christen hatten damals am Hof einen großen Einfluss. Selbst Prisca, die Frau Diokletians sowie deren Tochter Valeria sollen mit den Christen sympathisiert haben. Möglicherweise waren auch heidnische Philosophen für die nun einsetzenden Christenverfolgungen mitverantwortlich. Am 23. Februar 303 erließ Diokletian ein Dekret, mit dem er die Christen offiziell zu Feinden des Reiches erklärte. Er ordnete an, die christlichen Kirchen zu zerstören, die Heiligen Schriften abzugeben und zu verbrennen. Er verbot den christlichen Gottesdienst und alle Christen verloren ihren Rechtsschutz, Ämter und Würden. Christen wurden durch den Verlust der Zeugnis- und Testierfähigkeit zu Bürgern zweiter Ordnung. Die im kaiserlichen Hausdienst angestellten Christen wurden zu Sklaven degradiert. Diokletian machte für seinen niedergebrannten Palast in Nikomedia die Christen verantwortlich. Er ordnete deshalb kurz darauf im Sommer 303 in einem zweiten Dekret die Verhaftung der Kleriker und kirchlichen Würdenträger an. In einem dritten Dekret ordnete er die Freilassung derjenigen an, die opferten. In einem vierten Dekret verlangte er bei Verweigerung eines Opfers ihre Folterung und Hinrichtung. Im vierten Dekret wurde die Pflicht zu einem heidnischen Weihrauchopfer auf alle Christen ausgedehnt. Bei einer Verweigerung wurden den Christen Zwangsarbeit in den Bergwerken oder die Hinrichtung angedroht. In Ägypten führte der Statthalter Hierokles unter Diokletians Nachfolger Maximin Daja eine besonders blutige Verfolgung durch, von der Bischof Phileas von Thmuis berichtete.

Dieser fielen nach koptischen Quellen über 800.000 Christen zum Opfer. An manchen Tagen wurden bis zu 100 Christen getötet. Christen wurden auch nach Oberägypten verbannt oder in die Bergwerke nach Palästina und Kilikien deportiert. In anderen, vor allem in westlichen Gebieten, so z. B. in dem Gebiet des Constantinus Chlors in Gallien, sollen nach Laktanz nur Kirchen niedergerissen worden sein. Eine allgemeine Opferpflicht für Christen gab es dort nicht. Nur wer von einem Denunzianten angeklagt worden war, musste zum Opfern erscheinen und wurde bei der Weigerung zu opfern hingerichtet. Eusebius beschrieb in seiner Kirchengeschichte die Situation in Ägypten wie folgt: »Hier erlitten unzählige Männer mit Weibern und Kindern um der Lehre unseres Erlösers willen unter Verachtung des irdischen Lebens auf verschiedene Weisen den Tod. Die einen von ihnen wurden den Flammen übergeben, nachdem sie Kralle und Folter erfahren und furchtbare Geißelhiebe empfangen und ungezählte andere Peinen verschiedener Art erduldet, schrecklich zum Anhören, andere wurden ins Meer versenkt, wieder andere boten mutig ihren Nacken den Henkern dar. Die einen starben während der Foltern, andere fanden durch Hunger den Tod, wieder andere wurden gekreuzigt. Aller Beschreibungen aber spotten die Qualen und Leiden, welche die Märtyrer in der Thebais erduldeten.«[20] Kirchengeschichtler schätzen die Opfer dieses Martyriums auf 144.000 bis 800.000 Personen.

---

20 Eusebius, Eccl. Hist. VIII, 8.

Eusebius, ein Zeitzeuge des Massakers schrieb weiterhin: »Bald wurden ihrer mehr als zehn, bald über zwanzig hingerichtet, ein anders mal nicht weniger als dreißig, ja gegen sechzig und bisweilen sogar hundert Männer nebst kleinen Kindern und Weibern an einem einzigen Tag getötet, zu Martern in buntem Wechsel verurteilt. Auch wir haben gelegentlich unseres Aufenthaltes in jenen Gegenden gesehen, wie an einem einzigen Tag mehrere zugleich teils enthauptet, teils verbrannt wurden. Das Richtschwert wurde stumpf und als verbraucht zerbrochen, und die Henkersknechte mussten sich vor Ermüdung gegenseitig ablösen. Wir beobachteten da bei denen, die an den Gesalbten Gottes [Christus] glauben, ganz wunderbaren Eifer und wahrhaft göttliche Kraft und Freudigkeit. Denn kaum war das Urteil gegen die einen gesprochen, da eilten schon von anderer Seite andere zum Richtstuhle und gaben sich als Christen aus. Ohne Sorge angesichts der schrecklichen Qualen und verschiedenartigen Foltern bekannten sie sich unerschrocken und frei zu der Frömmigkeit gegen den Gott des Alls und nahmen freudig und lächelnd und wohlgemut schließlich das Todesurteil entgegen. Ja sie jubelten und sangen dem Gott des Alls Lob- und Dankeslieder bis zum letztem Atemzuge.«

Selbst der Patriarch von Alexandria Petrus I. und seine Bischöfe wurden nicht verschont. Eusebius schrieb:

»Daselbst erlitten die ägyptischen Bischöfe Peleus und Nilus neben den anderen den Feuertod. Unter denen, welche in Alexandrien und in ganz Ägypten und der Thebais einen ruhmvollen Tod gefunden, sei als erster Petrus, Bischof von Alexandrien selbst, einer der hervorragendsten Lehrer der Gottesfurcht in Christus aufgezeichnet, von seinen Presbytern sodann Faustus, Dius und Ammonius, die vollendeten Märtyrer Christi, Phileas, Hesychius, Pachymius und Theodor, Bischöfe ägyptischer Kirchen und dazu noch unzählige anderer berühmter Männer, deren Gedächtnis die Gemeinden jener Bezirke und Orte feiern.« Am 1. Mai 305 traten Diokletian sowie sein Mitregent Maximian von ihren Ämtern zurück. Ihre Nachfolge traten die bisherigen Caesaren Galerius und Constantius Chlorus an. Severus und Maximinus Daia wurden zu Unterkaisern (Caesares). Unter Galerius und Maximinus Daia verschärften sich die Christenverfolgungen in Ägypten. Durch ein Dekret aus dem Jahre 306 wurden in den südöstlichen Provinzen Ägyptens alle Bewohner erneut zu einem heidnischen Opfer gezwungen. Um die Bewohner besser zu erfassen, wurde im Jahre 308 eine Volkszählung (Census) durchgeführt. Anschließend wurde jeder Bürger einzeln zum Weihrauchopfer vorgeladen. Vor allem der Präfekt der Thebais, Satrius Arianus ging als besonders skrupelloser Christenverfolger in die Geschichte ein. Noch heute erinnert ein koptischer Feiertag am 8. Januar (30 Koyak) an die Ankunft des Arianus in Panopolis, dem heutigen Akhmin.

Eusebius schrieb in seiner Kirchengeschichte:

»Im Jahr 306 n. Chr. kam es zum Schisma durch den Bischof Meletius von Lykopolis. Nachdem Erzbischof Petrus (300-311), der Patriarch, 303 während der ersten Verfolgungswelle aus Alexandria geflohen war, um aus dem Untergrund die christliche Gemeinde zu leiten, begann Bischof Meletius nicht nur in seiner eigenen Diözese Lykopolis, sondern in ganz Ägypten zu weihen. Er wurde deshalb wegen eines Verstoßes gegen das Kirchenrecht im Jahre 305 verhaftet und nach Palästina gebracht. Nach dem Osterfest 306 erließ der Patriarch noch aus dem Untergrund ein Rundschreiben, in dem er für die abgefallenen Christen Bußstrafen festsetzte, aber auch diejenigen Christen kritisierte, die als Märtyrer sterben wollten, weil sie damit den Römern und der von ihnen verfolgten Vernichtungsstrategie in die Hände gespielt hätten. Er betonte, dass die Flucht erlaubt und für Kleriker sogar geboten sei. Das akzeptierten die Christen in den Bergwerken Palästinas nicht, die daraufhin eine

»Kirche der Märtyrer« gründeten. Dieser Kirche trat auch der Bischof Meletius von Lykopolis bei. Petrus starb im Jahre 310 als Märtyrer. Als Meletius nach Erlass des Galerius-Dekrets im Jahre 311 wieder freigelassen wurde, weihte er erneut Bischöfe in Ägypten. Im Jahre 325 verfügte die abgespaltene Kirche der Märtyrer Meletius' von den insgesamt 66 Bischöfen bereits über 15 Bischöfe. Sie ist noch bis ins 8. Jahrhundert nachweisbar. Danach verschwand sie aufgrund erneuter Unterdrückungen und Verfolgungen unter islamischer Herrschaft.

Von dieser Zeit an übernahm die koptisch-orthodoxe Kirche für sich den Titel »Kirche der Märtyrer«. Im Jahr 307 n. Chr. erreichten unter dem Kaiser Maximinus Daia die Christenverfolgungen ihren Höhepunkt.

Die Christenverfolgungen erstreckten sich damals auf ganz Ägypten. In Oberägypten wurden die Verfolgungen vom Gouverneur Arianus organisiert, der von Lykopolis (Asyut) kommend die Christen in den Provinzen Panopolis (Achmim) und Antaiopolis (Qaw al-Kabir) verfolgte. Nachdem er am 8. Januar 306 in Achmim angekommen war, weigerten sich allein dort 8140 Christen, den römischen Göttern zu opfern und wurden daraufhin getötet. Hierunter waren auch Dioscurus und Aesculapius, zwei Eremiten aus der östlichen Wüste nahe Achmim, die geköpft wurden[21]. Unter den Märtyrern waren allein 40 Soldaten und deren Anführer Philemon und Akourius. Sechs Kilometer nordöstlich von Achmim befindet sich das Kloster der Märtyrer, Dair al-Shuhada, das den Märtyrern von Achmim geweiht wurde[22].

Im oberägyptischen Edu starben die beiden Mönche Panine und Paneu in der Zeit des Kaisers Diokletian den Märtyrertod[23]. Der Tod der beiden Mönche wird lediglich

21 Vgl. Meinardus, O., Coptic Saints and Pilgrimages, S. 52.

22 Meinardus, O., a. a. O., S. 52.

23 Vgl. Effland, A., Zur Geschichte der Kopten im Raum Edfu, Kemet 4/98, S. 44f.

in kurzen Worten beschrieben, ohne die üblichen Schilderungen der Heilungsphasen nach der Tortur. Nach der Enthauptung der beiden sollen die Henker ihre Schwerter in einem nahegelegenen Teich abgespült haben. Dadurch gelangte das Blut der Märtyrer in das Wasser, das dadurch Heilkraft erlangt haben soll. Daraus bildete sich ein neuer Kult, bei dem vor allem Fieberkranke zu der Stelle pilgerten und nachdem sie sich mit dem geheiligten Wasser gewaschen hatten, von ihrem Leiden geheilt wurden. Über den Gräbern der beiden Märtyrer in der Nähe des Teiches mit geheiligtem Wasser wurde zu deren Ehre eine Kirche gebaut. Die Verfolgungen, die über 800.000 Christen das Leben kosteten und sie zu Märtyrer machten, ließen erst nach dem Tod von Galerius und Maximinius Daia im Jahre 313 allmählich nach.

6. Die Legende von der »Thebäischen« oder »Thebanischen Legion«

Zu den ersten Opfern im Westen des Römischen Reiches gehörten nach einem Bericht des Lyoner Bischofs Eucherius, der zwischen 428 und 450 in Lyon als Bischof wirkte, die Soldaten der berühmten »Thebäischen« oder »Thebanischen Legion«. Dieser soll sich auf mündliche Berichte des Bischofs Isaak von Genf gestützt haben. Auf diese Legion sowie auf einzelne Legionäre als Märtyrer gibt es weder Hinweise in den historischen Quellen noch in der Patriarchengeschichte oder im Heiligenkalender, dem koptischen Synaxarium. Nach Denis von Berchem soll die Geschichte des Mauritius aus Syrien stammen. Ende des dritten Jahrhunderts soll Diokletian die Thebäische Legion, eine der drei ägyptischen Legionen, nach Westeuropa versetzt haben. Ihre Aufgabe war es, die römische Verteidigungslinie zu unterstützen, die sich von Ligurien über die Alpen durch das Wallis und von dort längs der Aare und dem Rhein bis nach Nordwestdeutschland erstreckte. Außerdem sollten sie den Aufstand der Bagauden im Südosten Frankreichs unterdrücken.

Die Thebäische Legion soll aus ca. 6600 Soldaten bestanden haben, die im Süden Ägyptens in der Thebais ausgehoben und in Agaunum, dem heutigen Sankt Moritz in der Schweiz stationiert wurde.

Ihr Kommandant war Mauritius. Offiziere des Mauritius waren Candidus und Exuperius. Bei der Überquerung der Alpen um 302 sollen die Soldaten im Engnis bei Agaunum sich geweigert haben, gegen die Christen auszuziehen. Mauritius verweigerte auch im Namen aller anderen Soldaten der Legion die Verehrung der römischen Götter in Form des von Kaiser Maximian, dem Mitregenten Diokletians, befohlenen heidnischen Weihrauchopfers. Dies wurde von Maximian als Meuterei angesehen. Mauritius wurde daraufhin zusammen mit seinen Offizieren Exuperius und Candidus hingerichtet. Darüber hinaus befahl Maximian die Dezimierung der Legion durch Hinrichtung jedes zehnten Mitgliedes der Legion. Darauf wurde in zwei Durchgängen jeweils jeder zehnte Soldat getötet. Anschließend gab Maximian den Befehl zur Tötung der gesamten Legion. Alle Legionäre leisteten keinerlei Widerstand, sondern nahmen den Tod freiwillig und freudig hin. Fliehende Legionäre wie Ursus und Victor wurden in Solothurn hingerichtet. Nicht alle Legionäre wurden in Agaunum in der Schweiz getötet, einige wurden in Germanien oder Italien aufgespürt und dort ermordet. In Agaunum sollen getötet worden sein: Sankt Exuperius, Sankt Candid, Sankt Innozenz, Sankt Vitalis; in Solothurn Sankt Ursus und Sankt Viktor; in Zürich Sankt Felix, Sankt Regula und Sankt Exuperantius; in Zurzach: Sankt Verena. Folgende Legionäre sollen in Italien getötet worden sein: in Bergamo Sankt Alexander; in Turin Sankt Octavius, Sankt Adventor, Sankt

Sotutor; in Piacenza: Sankt Antonius, in den italienischen Alpen: Sankt Alverius, Sankt Sebastianus, Sankt Magius; in Pinerolo: Sankt Maurelius, Sankt Georgius, Sankt Tiberius; in Mailand: Sankt Maximinus, Sankt Cassius, Sankt Secundus, Sankt Severinus, Sankt Licinius; in Ventimiglia Sankt Secundus. In Deutschland sollen folgende Soldaten der thebäischen Legion getötet worden sein: in Trier: Sankt Tyrsus, Sankt Palmatius, Sankt Bonifatius; in Bonn: Sankt Cassius, Sankt Florentius; in Köln: Sankt Gereon sowie in Xanten: Sankt Viktor und Sankt Maliosius.

Während der Hinrichtungen sollen sich mehrere große Wunder ereignet haben. So wurden in Zürich, dem römischen Turicum, der thebanische Offizier Felix, seine Schwester Regula und sein Begleiter Exuperantius nach intensiver Folterung enthauptet. Darauf sollen sie aufgestanden sein, jeder hielt sein Haupt in den Händen und trug es noch 40 Ellen, ca. 26 Meter weiter. Dann knieten sie nieder und legten sich schließlich zur Ruhe. Das Großmünster von Zürich trägt ihnen zu Ehren ihre Namen, außerdem ist das Wunder auf dem Stempel des Kantons Zürich sowie der Stadt Zürich dargestellt. Viele der thebäischen Märtyrer wurden zu Schutzpatronen der Städte in Norditalien, in der Schweiz und in Deutschland, dort überwiegend in Städten des Rheintals und im Rheinland. Allein in Deutschland gibt es 114 Kirchen und Kapellen, die dem heiligen Mauritius geweiht sind.

Einige Legionäre, die später als Heilige verehrt wurden, stammen aus dem Rheinland, wie Gereon in Köln, Viktor in Xanten sowie Cassius und Florentius in Bonn. Reliquien von Märtyrern der Thebäischen Legion wurden seit der zweiten Hälfte des 20. Jahrhundert von katholischen Gemeinden aus Mitteleuropa den Kopten angeboten. Die Reliquien der heiligen Verena kamen 1986 aus dem schweizerischen Zurzach nach Kairo sowie 1998 nach dem oberägyptischen Qus. Aus der Benediktinerabtei Tholey an der Saar erhielt die koptische Kirche 1989 Reliquien des heiligen Mauritius, aus Bonn im Jahre 1991 Reliquien der heiligen Cassius und Florentius, aus Aachen 1990 Reliquien des heiligen Gereon. Koptische Mönche und Nonnen nahmen in dieser Zeit vielfach die Namen von thebäischen Rittern und Jungfrauen an. Heute werden die Berichte über die Thebäische Legion und die aus ihr hervorgegangenen Märtyrer im Allgemeinen für fromme Legenden gehalten.

7. Das Christentum als »religio licita«, die erlaubte Religion – Kaiser Konstantin

Konstantin, »der Große« genannt, wurde zwischen 270 und 288 in Naissus, Moesia Prima, geboren. Er starb am 22. Mai 337. Von 306 bis 337 war er römischer Kaiser, ab 324 regierte er als Alleinherrscher. Im Jahre 306 trat Konstantin das Erbe seines Vaters Constantius I. an, nachdem dessen Soldaten ihn zum Kaiser ausgerufen hatten. Bis 312 setzte sich Konstantin im Westen des Römischen Reiches, ab 324 im gesamten Römischen Reich als Kaiser durch. In seinem westlichen Herrschaftsbereich gestattete Konstantin den Christen den Gottesdienst wieder, während Galerius die Christen im östlichen Reichsteil und demnach auch die Christen in Ägypten noch bis 311 verfolgen ließ. Als er damit jedoch keinen Erfolg hatte, erließ Galerius am 30. April 311, wohl auf Drängen von Konstantin, das Toleranzdekret von Nikomedia, in dem er das Christentum zur »religio licita«, d. h. zur erlaubten Religion erklärte. Daraufhin wurden die inhaftierten Christen freigelassen und die aus ihrer Heimat deportierten Christen durften in ihre Heimat zurückkehren. Dennoch kam es immer wieder zu Rückschlägen.

So verbot Ende 311 n. Chr. der Nachfolger Galerius', Maximinus Daia, den Christen im östlichen Reich wieder, auf den Friedhöfen zu feiern. In Ägypten kam es wieder zu Verfolgungen von Christen, bei denen auch der Patriarch Petrus I. von Alexandria am 24.11.311 den Märtyrertod erlitt.

Nach dem Tod des Galerius im Jahr 311 gab es immer noch vier Kaiser: im Westen Konstantin und Maxentius, im Osten Licinius und Maximinus Daia, die sich beide um das Erbe des Galerius stritten. Zwischen Konstantin und Licinius gelang nach dessen Verlobung mit Constantia, einer Halbschwester Konstantins, eine Annäherung. Zwischen Maxentius und Konstantin kam es jedoch zum endgültigen Bruch, nachdem Maxentius ihn des Mordes an seinem Vater Maximian beschuldigt hatte. Am 28. Oktober 312 siegte Konstantin über Maxentius bei der Entscheidungsschlacht an der Milvischen Brücke. Vor der Schlacht soll Konstantin nach mehreren Quellen ein göttliches Zeichen zuteil geworden sein. Lactantius berichtet von einer Traumerscheinung, in der Konstantin angewiesen wurde, das himmlische Zeichen Gottes auf die Schilde seiner Soldaten zu malen.

Nach Eusebius soll dem Konstantin vor dieser Entscheidungsschlacht ein Kreuz mit der griechischen Inschrift »en touto nika«, » in diesem Zeichen siege« (lateinisch: »in hoc signo vinces«, »in diesem Zeichen wirst du siegen«) erschienen sein. Möglicherweise hat Konstantin ein Naturphänomen des gebrochenen Sonnenlichtes und die dadurch entstandenen Kreis- und Kreuzstrukturen als ein Zeichen Gottes gedeutet. Selbst wenn es sich bei der Vision um eine Legende handeln sollte, so zeigt sie zumindest, dass Konstantin damals unter christlichem Einfluss gestanden hatte, denn er glaubte, dass der Gott der Christen ihm zur Seite stehe und er somit eine göttliche Bestimmung erfülle. Nach seinem Sieg über Maxentius an der Milvischen Brücke 312, den er auf den Beistand des Christengottes zurückführte, herrschte er uneingeschränkt im westlichen Reich. Nach dem Sieg zog er im Triumph in Rom ein. Der Bevölkerung präsentierte er dabei den abgetrennten Kopf des Maxentius. Im Jahr 313 n. Chr. vereinbarten Konstantin und sein Schwager Licinius das Toleranzedikt von Mailand, durch das das Christentum anerkannt und den Christen das Recht auf Religionsfreiheit zugesichert wurde. Das Christentum erhielt damit Kultfreiheit, und alle beschlagnahmten Gebäude und Gegenstände wurden zurückgegeben. Damit waren die Christenverfolgungen zunächst beendet. Im Osten des Reiches setzte Maximinus die Bestimmungen der beiden Edikte nur teilweise um, indem er lediglich die Anwendung von Gewalt gegenüber Christen verbot. Ab 314 kam es jedoch zu Spannungen zwischen Konstantin und Licinius. Da Licinius befürchtete, dass die Christen im Kriegsfall Partei für Konstantin ergreifen würden, verfolgte er die Christen in seinem Machtbereich im Osten des Reiches. Er entfernte Christen aus seinem Heer und seinem Hof und verbot den Klerikern die Unterweisung von Frauen. Frauen durften auch nicht mit den Männern an gemeinsamen Gottesdiensten teilnehmen. Die Gottesdienste durften nur außerhalb der Stadt im Freien abgehalten werden, Synoden wurden verboten, und Verstöße gegen diese Vorschriften wurden mit Gefängnis bestraft. Im Jahre 324 besiegt Konstantin bei Adrianopel und Chrysopolis seinen Schwager Licinius und wurde damit zum Alleinherrscher (Totius orbis imperator). Damit endete die Christenverfolgung auch im Osten. Nach dem Sieg über Licinius verlegte Konstantin die Hauptresidenz in den Osten, nach Konstantinopel, das er stark erweitern und prächtig ausbauen ließ. Konstantin legitimierte sein Kaisertum sakral. Es wurde zunehmend verchristlicht, indem der Kaiser das Kaisertum auf die Idee eines weltlichen Statthalters Gottes, die Vorstellung eines allerchristlichen Kaisers zurückführte.

Konstantin herrschte von nun an als Anhänger und Förderer des christlichen Gottes, weil er den Gott der Christen als den Garanten seiner militärischen Erfolge und seines Wohlergehens ansah. Kaiser Konstantin verbot die göttliche Verehrung seines Bildes, ließ sich taufen und seine Söhne christlich erziehen. Im Jahr 325 berief Konstantin das erste Konzil von Nicäa, um den arianischen Streit innerhalb des Christentums beizulegen. Konstantin wollte eine Schutzfunktion über die Kirche ausüben und bei innerchristlichen Streitigkeiten als Schlichter auftreten. Danach konnte sich die alexandrinische oder koptische Kirche stabilisieren und nahm schon bald eine Vormachtstellung gegenüber den vier anderen christlichen Kirchen, der Kirche von Rom, Konstantinopel, Jerusalem und Antiochien ein. Diese Zeit stand jedoch im Zeichen von heftigen inneren theologischen Disputen unter den Christen.

8. Der arianische Streit – Athanasius

Der sogenannte »arianische Streit« brach 318 in Alexandria aus. Er ist benannt nach Arius, einem Priester, der aus reichem Elternhaus kam und in Alexandria Philosophie und Theologie studiert hatte. Dabei kam er entgegen der herrschenden Kirchenauffassung zu dem Schluss, dass Jesus nicht eins mit dem Vater war, sondern es sich bei Jesus um ein menschliches, Gott wesenähnliches Geschöpf handelte, das von Gott lediglich adoptiert und zu seinem Sohn gemacht worden war. Insoweit glaubten er und die nach ihm benannten Anhänger, die Arianer, dass jeder Mensch zu Gottes Sohn oder Tochter werden könnte. Der Arianismus wurde aufgrund der intellektuellen und rhetorischen Begabung Arius' schon bald zu einer Massenbewegung.

Da Arius viele Bischöfe aus dem östlichen Teil des römischen Reiches auf seine Seite bringen konnte, sah sich Konstantin, der im Jahre 324 gerade das römische Reich und die Christenheit vereinigt hatte, genötigt, sich mit diesem theologischen Problem zu befassen. Dazu rief der Kaiser 325 die christlichen Bischöfe zu einem Konzil nach Nicäa im Nordwesten der Türkei, heute Iznik, zusammen. 317 Bischöfe folgten Konstantins Einladung, der als Bischof der Bischöfe zwar den Vorsitz über das Konzil innehatte, aber sich in den Beratungen weitgehend zurückhielt. Während zu Beginn des Konzils die meisten Konzilteilnehmer Arius und seiner Lehre noch wohlwollend gegenüber standen, schlug die Stimmung im Verlauf des Konzils gegen Arius um. Dies beruhte vor allem auf dem Auftreten eines jungen Erzdiakons Athanasius (328-373) aus Alexandria, den der Patriarch Alexander von Alexandria zu seiner Unterstützung mitgebracht hatte und der sich vor allem durch eine ungeheure rhetorische Begabung und Eloquenz auszeichnete. So argumentierte er gegen Arius: »Wenn Jesus nur wesensähnlich – im Griechischen: »homoi-ousios« – und nicht wesensgleich – griechisch homo-ousios – mit Gottvater sei und damit unterschiedliche Wesen seien, dann wären alle Christen, die Jesus verehrten, Polytheisten. Die Taufe im Namen des Vaters, des Sohnes und des Heiligen Geistes sei folglich unsinnig [...]. Wäre Jesus bloß ein Geschöpf Gottes, dann hätte auch er der Erlösung bedurft und könne nicht der Erlöser sein.« Dieser Argumentation schlossen sich die Mehrheit der anwesenden Bischöfe an und verurteilten die arianische Lehre. Nach dem sogenannten Bekenntnis von Nicäa soll der Logos Jesus aus dem Wesen Gottvaters entstanden sein und nicht, wie Arius behauptet, aus dem Nichts. Er sei wahrer Gott vom wahren Gott, gezeugt, nicht geschaffen. Die verabschiedete zentrale Glaubensformel lautet »homousios«, in der Bedeutung »wesenseins« oder »wesensgleich«. Zugleich wurde in

Nicäa ein gemeinsames Glaubensbekenntnis verabschiedet, das auf Athanasius zurückging und noch heute in den christlichen Kirchen gesprochen wird. Arius selbst wurde exkommuniziert und nach Illyrien verbannt. Seine Bücher wurden verbrannt und seine Anhänger zu Feinden der Christenheit erklärt. Als der alexandrinische Patriarch Alexander im Jahr 328 verstarb, wurde Athanasius zu seinem Nachfolger gewählt.

Als erster alexandrinischer Bischof predigte Athanasius in koptischer Sprache zu den Gläubigen. Seine Beziehungen zu den römischen Kaisern waren von Beginn seines Patriarchates gespannt. Er wurde von ihnen insgesamt fünfmal verbannt, unter Konstantin von 324-337, unter anderem von 335 bis 337 nach Trier, dem damaligen Augusta Treverorum, unter dessen Nachfolger Constantius von 337-361, unter Julian 361-363 und unter Valens von 364-378. Kurz nach Athanasius Amtsantritt im Jahre 328 geriet er in Streit mit der römischen Kirche, die den Arianern das Recht zugestand, wieder kirchliche Ämter zu bekleiden. Vom Bischof Eusebius von Nikodemia, einem Arianer, wurde Athanasius beim Kaiser Konstantin diffamiert, er sei in der Lage, die Getreidelieferungen Ägyptens nach Konstantinopel und Rom zu stoppen. Da Konstantin bei Ausbleiben der Getreidelieferungen politische Unruhen befürchtete, schickte er Athanasius in die Verbannung. Während der Zeit seiner Verbannung verstarb 336 Arius zwar in Konstantinopel. Seine Lehre und seine Anhänger blieben jedoch auch noch seinem Tod für fast dreieinhalb Jahrzehnte weiterhin mächtig. Als Konstantin 337 verstarb, ließ er sich noch auf dem Sterbebett von einem Arianer, dem Bischof Eusebius von Nikodemia taufen.

Die erste Verbannung Athanasius' endete im Jahre 343 mit seiner Rehabilitierung durch das Konzil von Rom. Ihm wurde erlaubt, auf seinen Patriarchensitz nach Alexandria zurückzukehren. Die Rückkehr verzögerte sich aber bis ins Jahr 346, als die Rehabilitierung durch Constantius II. bestätigt wurde. In Alexandria wurde Athanasius danach mit einem Triumphzug von seinen Anhängern empfangen. Unter den Söhnen Constantius II., Konstantin II. und Constans brachen dann Erbstreitigkeiten aus. Um weitere Thronstreitigkeiten zu vermeiden, wurde das Reich wie folgt aufgeteilt: Konstantin II. (337-340) erbte das Westreich mit der Hauptstadt Trier, Augusta Treverorum, Constans (337-350) Italien sowie die Provinz Africa und den Balkan sowie Constantius II. (337-361) den Osten mit der Hauptstadt Konstantinopel. Nach dem Tod seines Gönners Constans im Jahre 350 wurde Athanasius von Konstantin II. erneut ins Exil geschickt. Dieser berief daraufhin im Jahre 355 das Konzil von Mailand ein. Hier waren die Mehrzahl der Delegierten Arianer. Diese beschlossen Athanasius' Ausschluss vom Patriarchenamt von Alexandrien und ernannten den arianischen Bischof Gregorius von Kappadokien zum Patriarchen von Alexandria. Dieser setzte den Übertritt des alexandrinischen Volkes zum Arianismus mit militärischer Gewalt durch. Dabei wurden viele Anhänger Athanasius', darunter auch Bischöfe hingerichtet.

Nur 15 Jahre später kam es zu einer erneuten Christenverfolgung, nachdem 361 Julian Apostata, Julian der Abtrünnige (361-363) römischer Kaiser wurde, der die Wiederherstellung des alten Götterglaubens anstrebte. Er sah sich selbst vor allem als irdischer Repräsentant des Sonnengottes an. Obwohl Julian Apostata christlich erzogen worden war, förderte er nach seinem Regierungsantritt als römischer Kaiser wieder die heidnischen Kulte, insbesondere den Kult des Sonnengottes, als dessen Patron er sich verstand. In seiner Regierungszeit wurden Christen aus den höheren Stellen im Heer, in der Verwaltung und in der Justiz entfernt. In Alexandria ging der Pöbel wieder in der Öffentlichkeit gegen die Christen vor. Bei diesen Unruhen wurde im Jahre 361 auch der unbeliebte arianische Patriarch Gregorius getötet. Im Jahre 363 fiel Julian im Kampf gegen die Perser. Auf Julian folgte von 363-378 Valens, der ein überzeugter Anhänger der Arianer war. Er hielt die Verbannung Athanasius' aufrecht. Das führte zu Unruhen in Ägypten unter dessen Anhängern. Daraufhin gestattete 366 Valens die erneute Rückkehr Athanasius' nach Alexandria, wo dieser nach sieben, im ,wesentlichen friedvollen Jahren 373 verstarb. Der Nachfolger Athanasius' wurde Petrus II. (373-380), der auch von Valens in Verbannung geschickt wurde. An seine Stelle setzte er den Arianer Lukius. Im Jahr 363 wurde etwa 80 Kilometer südwestlich von Alexandria entfernt das Menasheiligtum errichtet. Der heilige Menas war römischer Soldat und Christ und erlitt unter dem römischen Kaiser Julian Apostata den Märtyrertod. Sein Leichnam wurde von zwei Kamelen nach Ägypten zurückgebracht. Diese ließen sich an einer ganz bestimmten Stelle nieder und weigerten sich weiterzugehen. An dieser Stelle wurde daraufhin das Menasheiligtum errichtet. Auf seinem Kultbild findet man die Darstellung Menas', flankiert von diesen beiden Kamelen. Die Darstellung findet sich insbesondere auch auf den sogenannten Menas-Ampullen, von denen einige sogar im Rheinland gefunden wurden. Das Menasheiligtum wurde zum berühmtesten Wallfahrtsort der damaligen Zeit, gleichsam zum antiken Lourdes. Der gesamte Komplex des Menasheiligtumes, der ca. 40.000 Quadratmeter umfasste, bestand aus zwei Basiliken, Pilgerherbergen, Palästen der Vornehmen, Unterkünften für ca. 12.000 Soldaten, Badeanlagen und Schöpfstellen für das wundertätige Wasser des Menas. Das Menasheiligtum wurde bei seiner Zerstörung im 8. Jahrhundert von islamischen Räubern und Beduinen geplündert.

Im Jahre 380 wurde das Christentum unter dem Kaiser Theodosius (379-395) Staatsreligion. Damit wurde auch der arianische Streit auf dem Konzil von Konstantinopel im Jahr 381 endgültig beigelegt, indem die Wesenseinheit Gottes in der Trinität, d. h. in drei gleichbeschaffenen Personen, Vater, Sohn und Heiliger Geist definiert wurde. Zugleich wurde das Nicaenische Glaubensbekenntnis als für alle Christen verbindlich erklärt. Theodosius holte den Patriarchen Petrus II. aus der Verbannung. Als dieser im Jahr 380 verstarb, wählte das Volk Timotheus zu seinem Nachfolger.

Theodosius ließ zugleich die Ausübung aller heidnischen Kulte in Ägypten verbieten, insbesondere auch die Mumifizierung der Toten. Heidnische Tempel wurden geschlossen und zerstört. 391 wurde der Tempel des Dionysus geschlossen und zu einer Kirche umgebaut. Die bei den dionysischen Mysterienfeiern verwendeten Kultobjekte, die hölzernen Phalli wurden in einer Prozession durch die Stadt getragen. Diese Provokation der Heiden durch die Christen blieb nicht ohne Folgen. Sie erschlugen Christen, steckten ihre Häuser in Brand und verschleppten sie als Geiseln. Die Christen wurden gezwungen, den heidnischen Göttern zu opfern. Wer sich weigerte, wurde gefoltert und anschließend gekreuzigt. In Alexandria wiegelte der Patriarch Theophilus den christlichen Mob auf, das Serapeum, einen bedeutenden heidnischen Tempel zu zerstören. Im Serapeum befanden sich zahlreiche Darstellungen der ägyptischen Hieroglyphe »Anch«, des Lebenszeichens, in welchem die Christen das Kreuz des Herrn erkennen wollten. Mit dem Anch-Zeichen versuchten die Christen daraufhin, die pharaonischen Götzenbilder zu zerstören. Die Ereignisse in Alexandria hatten Signalwirkung für ganz Ägypten. Überall im Land drangen Christen in die heidnischen Tempel ein, um die Götterfiguren und die Gebäude zu zerstören. Über den Fanatismus christlicher Mönche schrieb Libanius von Antiochia: »Sie beeilen sich, die Tempel mit Stöcken und Steinen und Eisenstangen anzugreifen. Dann folgt die völlige Verwüstung, es wurden Dächer abgedeckt,

Wände demoliert, Statuen niedergerissen, Altäre umgeworfen und die heidnischen Priester müssen dazu entweder schweigen oder sterben. Nachdem sie einen Tempel verwüstet haben, eilen sie zu einem anderen und einem dritten und sammeln Trophäe um Trophäe. Solche Ausschreitungen kommen sogar in den Städten vor, auf dem Lande sind sie an der Tagesordnung.«[24]

9. Byzantinische Herrschaft in Ägypten

Nach dem Tod von Theodosius I. teilte sich das römische Reich in West- und Ostrom. Ägypten kam zum oströmischen Reich, dessen Herrscher der älteste Sohn Theodosius' I., Arcadius war. Zunächst erlebte die koptische Kirche unter Theodosius II. (408-450), der sich mit Mönchen und geistlichen Beratern umgab, einen Aufschwung. Er unterstützte den koptischen Patriarchen Theophilus (385-412) beim Auf- und Ausbau der Kirche.

Dessen Nachfolger Kyrill I. (412-444) wurde zu einem mächtigen Patriarchen, der die Nichtchristen und insbesondere die Juden verfolgen ließ. Als daraufhin Juden Christen angriffen, ließ er in ganz Ägypten Synagogen niederbrennen oder zu Kirchen umwandeln. Ein Großteil der jüdischen Bevölkerung wurde damals aus Ägypten vertrieben. Prominentestes Opfer der Unruhen wurde im Jahre 415 Hypatia, eine Mathematikerin und Philosophin, die als die gebildetste Frau ihrer Zeit galt. Sie wurde im alten Serapeum, das zu einer christlichen Kirche umgewandelt worden war, zum Opfer des christlichen Pöbels. Über sie schrieb Sokrates Scholasticus in seiner Kirchengeschichte: »Alle bewunderten sie wegen ihrer außergewöhnlichen Würde und Tugendhaftigkeit.

---

24 Hesemann, Jesus in Ägypten, S. 147.

Doch trotzdem fiel sie der politischen Eifersucht zum Opfer, die in dieser Zeit aufkam. Denn weil sie häufig mit Orestes sprach, kam unter der christlichen Bevölkerung das Gerücht auf, dass sie es gewesen sei, die Orestes von einer Versöhnung mit dem Bischof abgehalten habe. So kam es, dass einige, irregeleitet durch einen grausamen und bigotten Eifer, deren Anführer ein Lektor namens Peter war, sie auf ihrem Heimweg überfielen, aus ihrem Wagen zerrten und zu einer Kirche schleiften, die Caesareum hieß, wo sie sie völlig entkleideten und sie dann mit Ziegeln erschlugen. Nachdem sie ihren Körper in Stücke zerrissen hatten, trugen sie ihre zerfleischten Glieder davon und verbrannten sie auf einem Platz, der Cinaron hieß. Diese Tat brachte nicht geringe Schande nicht nur über Kyrill, sondern über die ganze Kirche von Alexandria. Denn gewiss ist nichts weiter entfernt vom Geist des Christentums als solche Massaker, Kämpfe und Vergeltungsmaßnahmen zuzulassen.«[25]

Im Jahre 428 erließ der Kaiser Theodosius II. das Henotikon-Edikt in Briefform, um die Einheit zwischen Monophysiten und Diophysiten herzustellen. Das Edikt richtete sich an die Christen in Ägypten, Alexandria, Libyen und der Pentapolis, der Fünfstadt Berenike, Arsinoe, Ptolemais, Kyrene und Apollonia.

10. Das Konzil von Ephesus

Seine große Macht innerhalb der christlichen Kirchen demonstrierte Kyrill I. insbesondere beim Konzil von Ephesus im Jahre 431. Beim Konzil kam es zum Streit zwischen ihm und dem Patriarchen von Konstantinopel, Nestorius, der im Jahre 427 Patriarch von Konstantino-

25 Hesemann, a. a. O., S. 149.

pel geworden war. Nestorius vertrat eine neue Lehre. Er lehnte die Bezeichnung Mariens als Gottesmutter (theotokos) mit der Begründung ab, dass ein sterblicher Mensch nicht in der Lage sei, Gott, den Schöpfer des Universums zu gebären. Deshalb könne Maria auch nur Christusmutter (christotokos) sein, die der menschlichen Natur Jesu das Leben geschenkt habe. Mit dieser Ansicht stieß er vor allem bei den Ägyptern auf großen Widerstand, die große Verehrer der Gottesmutter waren und Maria als Gegenpol zur altägyptischen Göttin Isis und deren Sohn Horus verehrten. So leitet sich vor allem die Ikonographie der »Maria lactans«, die den Jesusknaben säugenden Maria von der »Isis lactans«, der stillenden Isis mit dem Horuskind auf dem Schoß ab.

Insbesondere Kyrill, der alexandrinische Patriarch lehnte die Lehre des Nestorius vehement als Irrlehre ab. Er forderte diesen auf, seine Lehre öffentlich zu widerrufen. Als dieser sich weigerte, lud der Kaiser Theodosius II. (422-423), um den Streit zu schlichten, die Streithähne im Jahre 431 zum Konzil nach Ephesus ein. Bei diesem Streit ging es weniger um theologische Fragen als um politische Macht. Da Kyrill die volle Unterstützung des oströmischen Kaisers genoss, konnte er sich gegenüber Nestorius nach nur 24 Stunden Konzilsdauer durchsetzen. Nestorius wurde als Häretiker verurteilt und seines Amtes enthoben. Der Einfluss der alexandrinischen Kirche im 4. und 5. Jahrhundert war sehr groß. So gelang es ihr, die Exkommunikation von drei byzantinischen Patriarchen zu betreiben und durchzusetzen, so von Macedonius unter dem alexandrinischen Patriarch Timotheus (380-384), Nestorius unter Kyrill (412-444) und Phlabeanus unter Dioskur I. (444-454).

11. Das Konzil von Chalcedon und die Zeit bis zur arabischen Eroberung Ägyptens

Diesen Einfluss der alexandrinischen Kirche auf die damalige Christenheit verlor jedoch bereits der Nachfolger von Kyrill I., Dioskur I. (444-454). Auf dem Konzil von Chalcedon im Jahre 453 konnte er sich letztlich mit seiner monophysitischen Sicht der Natur Christus nicht durchsetzen. Die monophysitische Lehre, abgeleitet vom Griechischen »mia physis«, sprach von der einen Natur Christi als »der einen fleischgewordenen Natur des Wortes«.

Nachdem auf dem von Dioskur I. eigenmächtig, ohne Zustimmung des Kaisers zur Lösung des Streites eingesetzten zweiten Konzil von Ephesus im Jahre 449 zunächst noch Dioskur I. und seine monophysitische Sicht Christi triumphierte, kam es aufgrund massiver Proteste des römischen Papstes, der auf dem zweiten Konzil von Ephesus nicht zu Wort gekommen war und der deshalb das Konzil ein Räuberkonzil (lactricinium) nannte, 453 zu einem erneuten Konzil in Chalcedon. Dort wurde Dioskur abgesetzt und seine monophysitische Lehre verworfen zugunsten der Zweinaturenlehre (Diophysitismus), die Christus »in zwei Naturen unvermischt, unverändert, ungeteilt und ungetrennt« bekannte.

Letztlich ging es nur um eine Wortklauberei. Die Ägypter stießen sich an dem Wort »in zwei Naturen« und forderten die Formulierung »von zwei Naturen«. Diese Banalität führte zu einer Spaltung (Schisma) der Kirchen Ägyptens und Roms sowie Konstantinopels, die bis in die heutige Zeit andauert. Dieser Streit hatte teilweise auch einen politischen Hintergrund, weil das ägyptische Volk die byzantinische Herrschaft ablehnte. Mit dem Konzil nahm Konstantinopel, anstelle von Alexandria in Zukunft den zweiten Rang unter den Patriarchensitzen ein, obwohl es keine apostolische, sondern eine kaiserliche Gründung war. Die monophysitische koptische Kirche spaltete sich daraufhin wie die Syrer (Jakobiten), Armenier (Gregorianer) und Äthiopier von der byzantinischen Reichskirche ab.

Seit dem Konzil in Chalcedon gab es in Ägypten zeitweise zwei Kirchen mit zwei Patriarchen, die »chalcedonische« oder »melkitische«, nach Malek = König benannte Kirche des byzantinischen Kaisers und die Kirche der Ägypter, von den Arabern Kopten genannt. Die Kirche des Kaisers hatte dabei in Ägypten nur wenige Anhänger. Die melkitische Kirche beschränkt sich bis heute im Wesentlichen auf Alexandriner und die griechisch sprechende Bevölkerung, momentan ca. 5000 Personen. Das Bekenntnis der meisten Ägypter zur koptischen Kirche galt zugleich als ein Bekenntnis zur kulturellen und politischen Unabhängigkeit Ägyptens gegenüber Byzanz und dem byzantinischen Kaiser, als Auflehnung gegen Fremdbestimmung und Besatzung.

Der alexandrinische Patriarch Dioskur I. wurde nach Chalcedon vom byzantinischen Kaiser nach Gangra verbannt. Da verstarb er auch.

In der Folgezeit besetzte Byzanz auch das alexandrinische Patriarchenamt immer wieder mit eigenen Kandidaten gegen den ausdrücklichen Willen der ägyptischen Bevölkerung. Kaiser Leon (457-474) ersetzte den vom ägyptischen Volk gewählten Timotheus II. (457-477) durch den melkitischen Patriarchen Pretorius (451-457). Der gewählte koptische Patriarch Timotheus II. wurde zweimal in Verbannung geschickt, 460 nach Gangra sowie 464 nach Chersonesus. Da musste er bis zum Tod von Leons im Jahre 474 bleiben. Auch der von den Ägyptern gewählte Patriarch Petrus II. (477-490) wurde vom byzantinischen Kaiser durch den Melkiten Timotheus Salophakiolus (460-475 und 477-482) ersetzt. Das Schisma dauerte bis in die heutige Zeit, bis 1973, als der koptische Papst Schenuda III. anlässlich des 1600. Todestages des heiligen Athanasius den römischen Papst Paul VI. im Vatikan besuchte. Dort kam es zu einer Einigung und damit zu einer Überwindung des Schismas durch eine gemeinsame Auslegung der christologischen Formel des heiligen Kyrill vom inkarnierten Wort.

Diese hatte folgenden Wortlaut:
»Wir bekennen, dass unser Herr und Gott und Erlöser und König von uns allen, Jesus Christus, vollkommener Gott in Hinblick auf seine Göttlichkeit und vollkommener Mensch im Hinblick auf seine Menschlichkeit ist. In ihm ist seine Göttlichkeit mit seiner Menschlichkeit in einer wahren und vollkommenen Einheit vereint, ohne zu verquicken, ohne zu vermischen, ohne zu verschmelzen, unverändert, ungeteilt und ungetrennt. Seine Göttlichkeit war keinen Moment von seiner Menschlichkeit getrennt, nicht für einen Augenblick. Er, der ewige und unsichtbare Gott, wurde sichtbar im Fleisch und nahm selbst die Gestalt eines Knechtes an. In ihm blieben alle Eigenschaften der Göttlichkeit und alle Eigenschaften der Menschlichkeit bewahrt, zusammen in einer wahren, vollkommenen, untrennbaren und unteilbaren Einheit.«[26]

Im Jahre 1991 kam es auf Einladung von Papst Schenuda III. zu einer theologischen Konferenz im ägyptischen Bishoy-Kloster im Wadi Natrun, zu der insgesamt 120 römisch-katholische, griechisch-orthodoxe, armenische, syrische und indische Bischöfe auf ökumenischer Ebene eingeladen waren. Dort einigte man sich auf den Begriff der »Miaphysis« des einheitlichen Wesens hinsichtlich der beiden Naturen des Gottessohnes. In den Jahren 451-527 n. Chr. nach Chalcedon unternahmen die

26 Hesemann, Jesus in Ägypten, S. 155.

byzantinischen Kaiser mehrere erfolglose Versuche, die monophysitische koptische Kirche wieder in die Reichskirche zurückzuführen. Die Beziehungen zwischen der koptischen und syrischen Kirche gestalteten sich daraufhin enger. Nachdem Ägypten sein Verwaltungssystem vom römischen Verwaltungssystem nach Städten auf das altägyptische Verwaltungssystem nach Gauen umgestellt hatte, fiel Ägypten weitgehend in die Hände einiger weniger Grundbesitzer, die sogar eigene Armeen aufstellten, und die das Land und die Bevölkerung ausbeuteten.

Als im Jahre 457 Timotheus II. (457-477) vom ägyptischen Volk zum Patriarchen gewählt worden war, setzte der byzantinische Kaiser Leon (457-474) den Melkiten Pretorius als Gegenpatriarchen ein. Im Jahre 460 kam es daraufhin zum Aufstand der Ägypter gegen Byzanz, der jedoch bald niedergeschlagen wurde. Daraufhin wurde Timotheus II. in die Verbannung geschickt. Als die ägyptischen Bischöfe nach dem Tod Timotheus' II. im Jahre 477 daraufhin Petrus II. (477-490) zu seinem Nachfolger wählten, wurde auch dieser durch den byzantinischen Kaiser nicht anerkannt, sondern durch den Melkiten Timotheus Salophakiolus ersetzt. Dieser Zustand der Doppelbesetzung des alexandrinischen Patriarchates mit den diophysitischen Melkiten und den monophysitischen Kopten sollte noch Jahrzehnte bis zur Eroberung Ägyptens durch die Araber andauern. Die nachfolgenden byzantinischen Kaiser Zenon (474-491) sowie Anasthasius (491-518) bemühten sich wiederum erfolglos um die Einheit der Kirchen. 482 versuchte Kaiser Zenon durch ein Edikt in Briefform, das sogenannte »Henotokion«, die Einheit zwischen der melkitischen, kaisertreuen und der koptische Kirche wiederherzustellen.

Auch Justinian I. (518-527) versuchte, die beiden monophysitischen Kirchen von Alexandria und Antiochien zur Annahme der diophysitischen Lehre zu zwingen. Als der alexandrinische Patriarch Timotheus

III. (517-535) sich dem widersetzte, wurde auch er verbannt. Der Nachfolger Justinians I., Justinianus I. (527-565) bot dem alexandrinischen Patriarchen Theodosius I. (535-567) neben dem Patriarchenamt sogar das Amt des kaiserlichen Statthalters in Ägypten an, für den Fall, dass er sich zur diophysitischen Lehre bekenne. Als er dieses Angebot ablehnte, wurde auch er bis zu seinem Tod im Jahre 567 in Verbannung geschickt. An seine Stelle setzte der Kaiser den melkitischen Patriarchen Paul von der Thebais (538-539) ein, der daraufhin die koptische Kirche für ein Jahr schloss. Im Jahre 539 wurde der Isiskult in Philae aufgehoben. Der koptische Gegenpapst Theodosius I. (536-566) musste sogar vor den Byzantinern fliehen und versteckte sich in Klöstern und kleineren Orten. Damit stürzte die koptische Kirche in eine schwere Krise. In dieser Zeit kam es zu einer Annäherung der koptischen Kirche an die ebenfalls monophysitische Kirche von Antiochien. Auch dadurch änderte sich jedoch die Unterdrückung der koptischen Christen durch Byzanz nicht. Nach dem Tod des in Verbannung lebenden Theodosius I. lebten die koptischen Patriarchen außerhalb von Alexandria, um dem in Alexandria residierenden melkitischen Patriarchen und der Gefahr der Unterdrückung und der Verbannung aus dem Wege zu gehen. Hierzu gehörten die Patriarchen Petrus IV. (576-578) und Damian (578-605). Unter dem Patriarchen Anastasius (606-616) ließ der byzantinische Kaiser Herakleios I. (610-641) alle in Alexandria lebenden Kopten aus der Stadt verweisen. Unter den nächsten koptischen Patriarchen Andronicus (616-623) und Benjamin I. (623-662) verschlechterte sich die Lage der Kopten weiter. Im Jahre 619 kam zu den Bedrohungen aus dem Inneren noch eine äußere Bedrohung in Gestalt der Perser, der Dynastie der Sassaniden, die nach ihrem Angriff auf Ägypten viele koptischen Kirchen und Klöster brandschatzten und zerstörten. Auf der anderen Seite waren die Perser auch Feinde der Byzantiner. Das machte sie wiederum zu Freunden der Kopten. Die Kopten gewannen dadurch größere Freiheiten im Alltag. Das dauerte ungefähr zehn Jahre, bis der byzantinische Kaiser Herakleios die Perser aus Ägypten vertrieben. Der von Herakleios eingesetzte melkitische Patriarch Kyros ließ die Kopten wiederum grausam verfolgen, so dass viele ihrer Führer aus Ägypten flohen.

In dieser Zeit wurde der heilige Menas zu Tode gefoltert. Benjamin I. floh 631 vor Kyros aus Alexandria. Deshalb empfanden die koptische Christen die darauf folgende arabische Eroberung zunächst als Befreiung, weil die Eroberer ihnen Religionsfreiheit versprachen mit dem Ausspruch: »Jeder hat seine Religion und Gott ist einer.«

12. Die Kopten im 7. Jahrhundert nach der arabischen Eroberung

Wegweisend für Ägypten und den ganzen Mittelmeerraum sowie das weitere Schicksal der Kopten wurde ein Ereignis in Arabien im Jahre 622, als der Prophet Mohammed mit seinen Anhängern von Mekka nach Medina (Medinat an Nabi, Stadt des Propheten) auswanderte (Hedschra). Bei dem Versuch die Stadt Medina einzunehmen, kam es zu einer Reihe von Schlachten und auch zu Massakern an den dortigen Juden. Mohammed forderte den byzantinischen Kaiser, den persischen König sowie den Statthalter von Ägypten auf, den Islam anzunehmen. Als diese ihm darauf nicht antworteten, rief er seine Anhänger auf, die Ungläubigen zu unterwerfen, sie zu töten oder von ihnen die Ungläubigensteuer (Gizya) zu verlangen. Der arabische Name »Islam« bedeutete Unterwerfung im Sinne der Unterwerfung unter den Willen Allahs. Die Anhänger dieses Glaubens nannten sich »Muslime«. Das bedeutet: »die, die sich dem Willen Gottes unterworfen haben«.

Mohammed richtete sich mit seiner Lehre zuerst an die Stämme, die auf der arabischen Halbinsel beheimatet waren. Da er sich als letzter Prophet der Geschichte auch als Nachfahre von Abraham, Moses und Jesus ansah, betrachtete er zunächst auch Juden und Christen als »Schriftbesitzer« und als Gläubige und Gottesfürchtige (Sure 5,82; 3,110).

Als diese ihn jedoch nicht als Propheten anerkennen wollten, begann er sie zu bekämpfen, die Juden in Medina seit dem Jahre 622 militärisch und die Christen in erster Linie theologisch. Er verurteilte sie wegen ihrer Verehrung von drei Gottheiten, Gott, Sohn und Mutter Gottes als Ungläubige (Sure 2,116; Sure 72-73). Noch heute sieht sich der Islam als einzige, reine und verlässlich überlieferte Religion, die unverfälscht, mit dem Verstand vereinbar, und die deshalb allen anderen Religionen überlegen sei.

Für die Moslems sind die Juden und Christen als Schriftbesitzer zwar keine Heiden, aber sie gelten schon deshalb als minderwertige Religion, weil sie den Sendungsanspruch von Mohammed als Propheten ablehnen. Dieses mit dem Koran begründete Überlegenheitsgefühl kommt selbst in modernen Rechtserklärungen zum Ausdruck, wie etwa der von 57 islamisch geprägten Staaten verfassten »Kairoer Erklärung für Menschenrechte« aus dem Jahre 1990, die nur Muslimen volle Menschenrechte zubilligt, die ihr Leben nach der Scharia ausrichten. Mit Mohammed begann die Ausdehnung des Islams über die gesamte arabische Welt. Im Jahre 642 wurde Ägypten durch die Araber unter Amr Ibn el-As, dem Feldherrn des Kalifen Omar (634-644), der sich »Beherrscher der Gläubigen« nannte, mit einem Heer von nur 4000 Mann erobert.

Die Gegenwehr der koptischen Christen war anfangs nur schwach, da sie zunächst froh waren, von der Herrschaft der Byzantiner befreit zu werden. Die Byzantiner hatten den Truppen der Araber nicht viel entgegenzusetzen. Die Araber belagerten die Festung Babylon, Alt-Kairo sieben Monate. Da ergab sie sich, anschließend auch die Stadt Alexandria nach einer mehrmonatigen Belagerung.

Amr Ibn el-As holte den geflohenen koptischen Papst Benjamin aus seinem Exil in Oberägypten nach Fustat (Kairo) zurück.

Amr Ibn el-As wandelte Ägypten in einen theokratischen Staat um und baute eine Militärverwaltung auf. Der Befehlshaber der arabischen Besatzungstruppen wurde zugleich ziviler Statthalter des Kalifen sowie religiöses Oberhaupt und weltlicher Richter. Das Arabische wurde zur offiziellen Amtssprache. Alle höheren Zivilbeamten wurden gezwungen, zum Islam überzutreten.

Zunächst erschienen den Ägyptern die neuen Herrscher als das kleinere Übel. Sie hoben die hohen byzantinischen Steuern auf. Stattdessen musste jeder erwachsene Kopte eine Kopfsteuer, den sogenannten »Dhimmi« in Höhe von 2 Dinar sowie später eine geringe Ungläubigensteuer (Gizya) jährlich zahlen.

Andererseits versprachen die Araber, den Einheimischen gegenüber zunächst religiöse Toleranz zu gewähren und keinen Zwang in Glaubensdingen auszuüben. Nur wenige Ägypter misstrauten den neuen Herrschern und sahen in Mohammed den Antichristen. Die zunächst milde und rücksichtsvolle Behandlung der Christen ging auch darauf zurück, dass die muslimischen Invasoren bei der Verwaltung der neuen Kolonie auf die Unterstützung der schreib- und schriftkundigen ägyptischen Christen angewiesen waren. Aus ihren Reihen stammten noch bis ins 19. Jahrhundert die fachkundigen Verwaltungsbeamten, Schreiber und Steuereintreiber. Die ersten Jahre der muslimischen Herrschaft waren deshalb von gegenseitigem Respekt geprägt. An einer Missionierung der Christen waren die Araber zunächst nicht interessiert, weil sie mit jeder Konversion zum Islam einen Steuerzahler verloren.

Insoweit entwickelte sich auch zwischen dem muslimischen Eroberer Amr Ibn el-As und dem damaligen koptischen Patriarchen Benjamin I. (623-652) ein respektvolles, fast freundschaftliches Verhältnis. Das zeigte sich darin, dass Amr Ibn el-As Benjamin die Sankt-Markus-Kathedrale in Alexandria dem koptischen Patriarchen übergab, die sich in den Händen der melkitischen Christen befand. Benjamin war, bevor er Papst wurde, Mönch in einem Kloster in der Nähe von Alexandria gewesen. Sein Lehrer war ein alter, weiser Mann mit Namen Theonas. Mit ihm besuchte er den damaligen Patriarchen Andronicus in Alexandria. Der Papst war so beeindruckt von dem jungen Benjamin, dass er ihn zu seinem Privatsekretär machte. Nach dem Tod Andronicus' wurde er zum 38. Papst der koptischen Kirche gewählt. Sein Pontifikat erstreckte sich auf drei Zeitepochen: die Zeit der persischen Herrschaft (623-628), der byzantinischen (628-640) und der ab 641 beginnenden arabischen Herrschaft. Die Zeit der persischen Herrschaft wurde von den Ägyptern zunächst als Befreiung aus der byzantinischen Knechtschaft empfunden. Jedoch wurden schon in dieser Zeit viele koptische Kirchen und Klöster zerstört. Nach der Rückkehr der Byzantiner in den Jahren 628-640 erging es Papst Benjamin und der koptischen Kirche noch schlechter. Der byzantinische Kaiser Herakleios machte den melkitischen Bischof Visas zum weltlichen und religiösen Oberhaupt in Alexandria. Benjamin floh in ein Kloster im Wadi Natrun sowie nach Oberägypten. Als dessen Nachfolger Cyrus nach Alexandria kam und Benjamin nicht vorfand, ließ er dessen Bruder Menas festnehmen, um den Aufenthaltsort zu erfahren. Als sich dieser weigerte, ließ er ihn foltern und in einem Kasten voll Sand im Mittelmeer versenken. Menas wurde damit zum ersten Märtyrer während der Herrschaft der Byzantiner. Die Politik der islamischen Herrscher war anfangs nicht auf die Vernichtung der Kopten ausgerichtet, die von ihnen »dhimmiyin«, »Leute des Buches« genannt wurden. So erlaubte der Gouverneur von Kairo, Maslama, den Kopten in Alt-Kairo die Kirche »Al-Fustat« zu bauen. Im Jahr 642 ordnete der Kalif Omar an, die Bücher der Bibliothek von Alexandria zur Beheizung der öffentlichen Bäder zu verbrennen. Dieses gute Verhältnis dauerte nicht lange an. Bereits sein Nachfolger der neue Gouverneur Abd Allah Ibn Said versuchte zur Finanzierung des Baus einer arabischen Schiffsflotte Geld aus den ägyptischen Christen herauszupressen. Damit erhöhte sich vor allem deren Steuerlast. Nunmehr musste die Ungläubigensteuer Gizya auch von den mittellosen Klerikern sowie von den Mönchen bezahlt werden. Das führte oftmals zu Unruhen und Auseinandersetzungen in den Klöstern. Schließlich diente die Gizya auch zur Islamisierung Ägyptens als Anreiz für Christen, zum Islam überzutreten.

Zu dieser Zeit lebte Abd al Aziz Ibn Marwan in Tammua, in einem koptischen Kloster, obwohl sein Neffe Abd Allah Ibn Said den Christen verbot, den Burnus zu tragen und von den Mönchen das Tragen von speziellen Badges forderte. Damit setzte sich die Verfolgung der koptischen Christen fort: Die koptischen Märtyrer, die nach der arabischen Eroberung im 7. Jahrhundert den Märtyrertod starben, werden »neue Märtyrer« genannt.

13. Omaijaden (661-749)

Nach Erbstreitigkeiten um die Nachfolge im Kalifenamt ging 661 Muawija, ein Vertreter der Sunniten, gegen die Schiiten, die sich von Ali, einem Vetter Mohammeds ableiteten, als Sieger hervor. Muawija begründete die Dynastie der Omaijaden. Er verlegte den Kalifensitz nach Damaskus. Ägypten wurde nur noch durch Präfekten verwaltet, welche die Ordnung im Land überwachten. Die ägyptischen Christen wurden in der Omaijadenzeit immer mehr zu Bürgern zweiter Klasse, die Repressalien ausgesetzt waren. So wurde ihnen verboten, Kreuze an den Außenwänden ihrer Kirchen anzubringen. Im Jahre 706 n. Chr. wurde durch Edikt des Präfekten das Griechische verboten und das Arabische zur Kanzlei- und Schriftsprache erklärt.

Im Zeitraum von 689 bis 690 wurden viele koptische Kultstätten zerstört. Christen wurde der Zugang zu höheren Ämtern verwehrt. Sie waren vor Gericht nur bedingt als Zeugen zugelassen sowie mit weiteren Schikanen wie besonderen Kleidervorschriften belegt. Im Jahr 705 fand unter dem Emir Abd al-Aziz ein Zensus der Mönche statt, um zu gewährleisten, dass jeder Mönch die Gizya, die Ungläubigensteuer zahlte. Dabei wurden den Mönchen wie Vieh Brandzeichen mit ihrem Namen, Alter und den Namen ihres Klosters auf die Hände. Mönchen, die sich nicht durch ein solches Brandzeichen ausweisen konnten, wurden die Hände abgeschlagen, wie Al Maqrizi in seiner Geschichte der Kopten berichtete: »Nun umstellte der Emir die Klöster und ergriff eine große Anzahl von Mönchen ohne Brandmal, von denen einige geköpft, die übrigen so lange gegeißelt wurden, bis sie unter den Streichen starben. Hierauf wurden die Kirchen zerstört, die Kreuze zerbrochen, die Bilder vernichtet […].«[27]

27 Hesemann, a. a. O., S. 19.

Im Jahr 722 wurden viele koptische Kirchen geplündert, die Ikonen zerstört und der koptische Patriarch ins Gefängnis geworfen. In diese Zeit fiel auch das Märtyrertum der Febronia, einer Nonne und Jungfrau von großer Schönheit, welche von arabischen Soldaten aus ihrem Kloster in Oberägypten verschleppt wurde. Bei der Vorbereitung auf ihren Tod entblößte sie ihren Nacken und wurde enthauptet. Sie soll ihre Jungfräulichkeit bewahrt haben[28].

14. Abbassiden (749-868)

Der Dynastie der Omaijaden folgte die Dynastie der Abbassiden, die Ägypten von der neuen Hauptstadt in Bagdad regierten und kontrollierten. Der Druck auf die christlichen Kopten wuchs auch in diesem Zeitraum ständig. Von 725 bis 773 wehrten sich die Kopten mit sechs Aufständen gegen ihre arabischen Unterdrücker. Im Jahre 807 ordnete Harun al-Raschid (786-809) das Tragen schwarzer Kleider und schwarzer Turbane, strickartiger Gürtel und gesteppter Mützen für die Christen an. Sie durften nur auf Eseln und Maultieren reiten. Noch heute trägt der koptische Geistliche die ihnen ehemals zwangsweise auferlegten schwarzen Kleider und den schwarzen Turban. In den Jahren 817 und 827 bis 830 erreichten die Christenverfolgungen einen Höhepunkt. Viele koptische Kirchen wurden zerstört, koptische Klöster, vor allem Klöster im Wadi Natrun wurden geplündert und ihre Mönche verjagt oder getötet.

Eine Vielzahl von Vorschriften wurde vom Kalifen al Mutawakkil (847-881) im Jahre 850 erlassen. Den Kopten wurde verboten, die Kirchenglocken zu läuten.

---

28 Abu al-Makarim, fol 84b.

Bis heute ist bei den Kopten das Glockengeläut zum Kirchgang unbekannt. Die Christen wurden gezwungen, Bildnisse des Teufels über ihren Haustüren anzubringen. Sie mussten honigfarbene Kleider tragen mit unterschiedlichen Mustern sowie bestimmte Stoffgürtel als Symbol der Weiblichkeit. Ihnen wurde verboten, Kreuze zu tragen. Darüber hinaus wurde ihnen das Reiten auf Pferden, der Besitz von Wein, auch Messwein, und das Tragen von Waffen und Kreuzen in der Öffentlichkeit verboten. Ihnen wurden Zusatzsteuern auferlegt und sie wurden auch sonst im öffentlichen Leben zurückgesetzt. Einschränkungen erlitten sie ebenfalls in ihrer Rechtsstellung als Erben und als Zeugen vor Gericht.

Die Kopten versuchten sich zeitweise gegen die Unterdrückung zu wehren. In der Zeit zwischen 725 und 829 wurden insgesamt sechs Aufstände der Kopten blutig niedergeschlagen. Dabei wurden hunderte Kirchen niedergebrannt, koptische Christen zu Tausenden hingerichtet sowie koptische Frauen und Kinder in die Sklaverei verkauft. Da die Mönche bei Eintritt in ein Kloster ihr ganzes privates Vermögen verschenkt hatten und nur vom geringen Verkauf von geflochtenen Körben und Seilen leben mussten, kamen sie auf die Idee, zur Finanzierung der Kopfsteuer Klosterämter (z. B. das Amt des Klosterabtes) an Reiche zu verkaufen, gegen die Verpflichtung, für die Mönche und das Kloster Sorge zu tragen, Steuern zu zahlen und nicht wegzulaufen. Zusätzliche Geldeinnahmen konnte ein Kloster auch dadurch erzielen, dass es in seine Klosteranlage mehrere Miniaturklöster einbaute, die an die Mönche weiterverkauft wurden. Diese konnten von den Mönchen nach ihrem Tod nicht vererbt werden, so dass sie nach ihrem Tod an das Kloster zurückfielen und erneut verkauft werden konnten.

15. Tuluniden (868-905) und Ikschiden (905-969)

Im Jahre 868 gelang es dem ehemaligen türkischen Sklaven Ahmad Ibn Tulun die Abbassiden aus Ägypten zu vertreiben. Er begründete damit die Dynastie der Tuluniden. Sie regierten Ägypten bis 905. Sie proklamierten die Unabhängigkeit vom Kalifat. Es gelang ihnen, ihre Herrschaft von Ägypten bis nach Antiochien, Palästina und Syrien auszudehnen. Ahmad Ibn Tulun nahm den Patriarchen Michael III. ein Jahr lang gefangen und verlangte für dessen Freilassung von den Kopten eine Lösegeldzahlung von 20.000 Dinaren, um einen Feldzug in Syrien zu finanzieren. Die Kopten brachten die Lösegeldsumme durch den Verkauf einer Kirche, der heutigen Ben Ezra-Synagoge auf.

877 erteilte al Mutawakkil den Befehl, in ganz Ägypten die koptischen Gräber dem Erdboden gleichzumachen. Dabei wurden die Oberbauten der Gräber, die gemauerten Grabhügel, die Stelen, die Lampenhäuschen und die großen, zum Teil ausgemalten Totenhäuser zerstört.

Um dem Druck zu entgehen traten viele Kopten zum Islam über. Bis zum 9. Jahrhundert traten mehr als die Hälfte aller Ägypter so über. Eine Rückkehr zum koptischen Glauben war ausgeschlossen. Die Rückkehr wurde mit dem Tode bestraft. Die verbleibenden Christen bekannten sich intensiv zu ihrem Glauben, indem sie sich nach dem Kreuzverbot durch al Mutawakkil das Kreuz in die Hand tätowieren ließen. Dieser Brauch gilt bis heute, obwohl er nie von der koptischen Kirche offiziell sanktioniert wurde. 905 wurde Ägypten zunächst von den Truppen der Abbassiden zurückerobert, bis 935, als diese das Land an die Ikschiden (Ichschididen) verloren. Diese führten die Politik der Tuluniden von 935 bis 969 fort. Unter ihnen erging es den Kopten besser. Mönche und Bischöfe sowie kranke Kopten wurden nach einem Bericht von Abu-al-Mahasen sogar von der Kopfsteuer befreit.

16. Fatimiden (969-1171)

Im Jahre 969 eroberte der aus Nordafrika kommende General Gauhar oder Gothar Ägypten. Er entstammte einer sizilianisch-christlichen Familie und trat in die Dienste der Fatimiden. 969 gründete Gauhar Kairo, »Al-Qahira«, die »Siegreiche«, gleich neben dem Ort Fustat. Damit begann die Herrschaft der Fatimiden, die aus dem nordafrikanischen Maghreb stammten und die ihre Legitimation auf die Prophetentochter Fatima zurückführten. Der Kalif Al-Muizz verlegte 972 die Hauptstadt des Reiches nach Kairo und setzte die Ziriden als Vizekönige im Maghreb ein. Sein Nachfolger Al-Aziz (975-995) gründet 988 n. Chr. in Kairo die Azhar-Moschee, die ihren Namen auf Fatima, die Glanzvolle (az Zahra) zurückführt. Als theologische Hochschule gegründet, wurde sie zur bedeutendsten und ältesten islamischen Universität weltweit. Ihm gelang es bis 978, Palästina und Syrien zu erobern und die Kontrolle über Mekka und Medina zu gewinnen. Unter der fatimidischen Herrschaft nahmen die Wirtschaft Ägyptens sowie der Handel zwischen dem Mittelmeerraum und Indien durch den Bau von Straßen und Kanälen einen großen Aufschwung. Bereits in der Regierungszeit des ersten Kalifen Al-Muizz genossen die Kopten eine bevorzugte Behandlung, die auch durch seinen Sohn und Nachfolger Al-Aziz weitergeführt wurde. Es war für die Kopten eine Blütezeit. Kopten waren weitgehend gleichberechtigt mit den Moslems. Sie wurden zu höheren Ämtern zugelassen und ihnen wurde sogar ein

Ministeramt eingeräumt. Kopten erhielten die Kontrolle über das Patriarchenamt Jerusalems. Sein Sohn und Nachfolger Al-Aziz, der mit einer melkitischen Christin verheiratet war, finanzierte sogar den Wieder- und Neuaufbau alter koptischer Kirchen. Die beiden Brüder seiner Frau ernannte Al-Aziz zu Patriarchen der Kirchen in Alexandria und Jerusalem.

In der Regierungszeit von Al-Muizz ereignete sich das sogenannte »Wunder von Mokkatam«. Diesem liegt folgende Geschichte zugrunde: Ein zum Islam konvertierter Jude, Jakob Ibn Killis war neidisch auf den neu gewählten koptischen Patriarchen Abraham (975-978), der auch »der Syrer« genannt wurde. Bevor dieser zum Patriarchen gewählt wurde, war er ein erfolgreicher und vermögender Kaufmann. Er wurde wegen seiner Güte und Freigiebigkeit schnell sehr beliebt. Nach seiner Wahl verschenkte er die Hälfte seines Vermögens an die Armen, die andere Hälfte seines Vermögens verwendete er für den Bau von Kirchen in ganz Ägypten. Es kam zu einer öffentlichen Debatte zwischen Jakob, dem Juden und Abraham, in der Jakob seinen Kontrahenten mit folgender Bemerkung provozierte: »Steht in Eurer Schrift nicht: Wenn euer Glaube auch nur so groß ist wie ein Senfkorn, dann werdet ihr zu diesem Berg sagen: Rück von hier nach dort, und er wird wegrücken. Jetzt zeige uns doch, dass dies der Wahrheit entspricht! Oder ist der Glaube der Christen doch nur ein Betrug?« Er berief sich dabei auf die Stellen im Neuen Testament, auf Matthäus 17,20 sowie Markus 11,23. Der Kalif Al-Muizz fragte Abraham, ob diese Texte eine derartige Aussage enthielten. Als Abraham dies bejahte, räumte der Kalif Abraham eine Frist von drei Tagen ein, um die Wahrheit dieser Stelle im Matthäusevangelium zu beweisen, andernfalls drohte er Abraham und den Christen damit, sie durch das Schwert hinrichten zu lassen.

Abraham zog sich danach mit seinen Bischöfen und Mönchen drei Tage lang zu Gebet und Fasten in die Hängende Kirche in Kairo zurück. Am Morgen des dritten Tages erschien ihm die Gottesmutter Maria. Sie forderte Abraham auf, zum Marktplatz zu gehen. Dort werde er einen Einäugigen finden mit einem Wasserkrug auf den Schultern: Sprich ihn an, denn durch seine Hände wird das Wunder geschehen. Abraham tat, was die Gottesmutter ihm aufgetragen hatte. Er fand auf dem Marktplatz einen Einäugigen mit Namen Simon. Er hatte sich selbst ein Auge ausgerissen, als eine schöne Frau ihn zu einem lüsternen Blick verführt hatte, entsprechend der Matthäusstelle 18,9: »Und wenn dich dein Auge zum Bösen verführt, dann reiße es aus und wirf es weg.« Simon gab Abraham folgenden Rat: »Zieh mit deinen Priestern und deinem Volk im Beisein des Kalifen und all seiner Soldaten hinaus zu dem Berg. Dann rufe dreimal laut: Herr, erbarme dich! und wirf dich bei jedem Mal auf die Knie und segne den Berg mit dem Zeichen des Kreuzes.«

Abraham tat, was Simon im geraten hatte. Und es geschah das, was er ihm prophezeit hatte. Jedes Mal, nachdem sich Abraham mit seinen Glaubensbrüdern und -schwestern unter Ausruf von »Kyrie eleison« auf die Knie geworfen hatten, erhob sich der Berg vom Boden wie bei einem großen Erdbeben und kam wieder herab. Beim dritten Mal rief der Kalif Al-Muizz: »Gott ist groß! Genug oh Patriarch, ich habe in der Tat die Richtigkeit deines Glaubens erkannt.« Danach gab er seine Herrschaft an seinen Sohn ab, ließ sich taufen und verbrachte den Rest seines Lebens in einer Klosterzelle in der Merculiuskirche. Simon, der einäugige Urheber des Wunders wurde jedoch nicht mehr gesehen. An die drei Tage, welche Abraham vor dem Wunder mit Beten und Fasten verbracht hatte, wird in der koptischen Kirche alljährlich im Anschluss an das vierzigtägige Fasten vor Weihnachten erinnert.

Die Situation der Kopten änderte sich jedoch völlig unter dem Kalifen Al-Hakim (996-1021), der offenbar geisteskrank war und Andersgläubige wie Kopten, Juden und Sunniten sinnlos verfolgen ließ. Zwischen 1007 und 1012 machte er den Kopten ein Angebot, Moslem zu werden oder das Land zu verlassen oder ein gelbes Kleid und ein fünf Pfund großes Kreuz um den Hals zu tragen als Symbol ihrer Minderwertigkeit. Die koptischen Tauf- und Märtyrerfeste wurden verboten. Darüber hinaus erließ er ein Dekret, dass alle koptischen Kirchen und Klöster, ca. 3000 an der Zahl, zu zerstören und Ländereien und Vermögen von Kopten zu konfiszieren seien. Wiederum traten Kopten massenweise zum Islam über oder flohen in die Wüste. Am 18.10.1009 ließ Al-Hakim »Biamrillah«, die wiederhergestellte Grabeskapelle in Jerusalem zerstören. Dabei ließ er den Naturfelsen, der das Grabmonument Christi bildet, wegmeißeln. Nur wenige Reste der Grabstätte, die Felsbank des Josef von Arimathäa, blieben erhalten. Nach 15 Jahren Schreckensherrschaft vollzog Al-Hakim jedoch überraschend eine Wende in der Behandlung der Kopten: Er nahm alle seine bisherigen gegen die Kopten gerichteten Dekrete und Entscheidungen zurück, und er stellte den Zustand wie vor seinem Amtsantritt wieder her. Um 1017 entstand in Ägypten eine Sekte, die Al-Hakim als die Inkarnation Gottes ansah. Aus dieser entwickelte sich später die Religionsgemeinschaft der Drusen. Der Nachfolger Al-Hakims, az-Zahir (1021-1036) erlaubte den Kopten, die zwangsweise zum Islam übergetreten waren, wieder ihren alten Glauben anzunehmen.

Auch dessen fatimidische Nachfolger Al-Mustansir (1035-1094), Al-Amir (1101-1130) und Al-Hafiz (1130-1149) zeigten sich gegenüber ihren koptischen Mitbürgern weitgehend tolerant. In der Regierungszeit von Al-Mustansir (1036-1093), in der die Fatimiden den

Höhepunkt ihrer Macht erreichten, und während des Patriarchates von Christodoulus (1047-1077) wurde das Patriarchat von Alexandria nach Kairo, nach Babylon (Misr al-Qadima) verlegt. Das wurde von den Fatimidenherrschern wohlwollend aufgenommen.

In der Zeit von 1065 bis 1072 folgten für Ägypten sieben magere Jahre. Diese begannen mit einem Niltiefstand. Der Tiefstand hatte Getreidemangel und Hungersnöte zur Folge. Ägypten wurde von der Pest heimgesucht. Der Palast und die weltberühmte Bibliothek in Alexandria wurden geplündert. Aufstände der türkischen und berberischen Söldner brachen aus. 1099 ging Jerusalem nach Eroberung durch die Kreuzfahrer während des Ersten Kreuzzuges verloren. Rückeroberungsversuche wie in der Schlacht von Ramla blieben erfolglos. Nach einer erfolgreichen Belagerung von Askalon im Jahre 1153 durch König Balduin III. von Jerusalem verloren die Fatimiden ihren letzten Stützpunkt in Palästina. Unter dem Patriarch Gabriel Il Ibn Tourayk wurde das Bohairische, der unterägyptische Dialekt des Koptischen zur Liturgiesprache bestimmt. Die letzten Fatimidenherrscher As-Zafir (1149-1154), Al-Faiz (1154-1160) und Al-Adid (1160-1171) zeigten sich wieder großzügig und tolerant gegenüber ihren christlichen Mitbürgern. Sie nahmen an christlichen Festen teil und besetzten Regierungsposten mit Kopten. Ein Grund hierfür war, dass die Fatimiden der ismailischen Glaubensrichtung anhingen, die wie der koptische Glaube eine Minderheit in Ägypten war und von der Mehrheit der Sunniten nicht akzeptiert wurde. Dies änderte sich auch nicht während ihrer Kämpfe gegen die christlichen Kreuzfahrer, die auch von den Kopten trotz der Glaubensbrüderschaft als unerwünschte Eindringlinge angesehen wurden.

17. Ayyubiden (1171-1252)

Die Nachfolger der Fatamiden, die Ayyubiden (1171-1252) hegten den Kopten gegenüber durchaus Sympathien. In diesen Zeitraum fiel die Regierung Saladins (1171-1193), des Eroberers mit kurdischer Abstammung. In dieser Zeit erstrahlte Kairo in höchstem Glanz. Er wurde zum ersten Sultan Ägyptens, sein Reich reichte seit 1181 bis nach Mesopotamien, wo er sich wieder dem Kalifen von Bagdad annäherte. Dies gelang ihm vor allem durch seine Förderung und Stärkung von Landwirtschaft und Handel. Am 4. Juli 1187 besiegte Saladin die Kreuzfahrer in der Schlacht bei Hattin in der Nähe von Tiberias und eroberte Jerusalem. Die Stadt konnte auch im folgenden Dritten Kreuzzug nicht zurückerobert werden. Verfolgungen der Kopten in der ayyubidischen Herrschaftszeit (1171-1252) fanden kaum statt. Kopten durften offiziell auch öffentliche Ämter bekleiden, obwohl sie im Alltag oft benachteiligt wurden. Während des 13. Jahrhunderts kam es kurzzeitig zu einer Renaissance der koptischen Kirche und Theologie.

Um 1190 schrieb der koptische Priester Abu el-Makarim eine Geschichte der Kirchen und Klöster Ägyptens. In dieser hat er zu jeder Kirche und zu jedem Kloster Ägyptens und einschließlich Nubiens alle verfügbaren Nachrichten zusammengestellt, einerseits aus älteren Schriften, andererseits aus eigener Kenntnis oder vom Hörensagen. Das 12. und 13. Jahrhundert wurde das Jahrhundert der Kreuzzüge. Da die Kopten die Kreuzfahrer als Häretiker und Eindringlinge ansahen, verbesserte sich in dieser Zeit ihr Verhältnis zu den Moslems.

Beim Fünften Kreuzzug (1218-1222) kämpften die Kopten sogar auf Seiten der Moslems gegen die Kreuzfahrer, nachdem diese die Stadt Damiette besetzt hatten. 1219 besuchte der heilige Franziskus (1181-1226) das von den Kreuzfahrern besetzte Damiette. Dabei versuchte er, den Oberbefehlshaber des muslimischen Heeres Sultan Al-Malek al Kamil zum christlichen Glauben zu bekehren. Dazu schlug er ihm eine Feuerprobe vor, um die Wahrheit des Evangeliums zu beweisen. Zwar war der Sultan von Franziskus und seinen Worten durchaus angetan, ließ sich aber nicht bekehren. Stattdessen forderte der Sultan Franziskus auf, mit seinen muslimischen Gelehrten über Glaubensfragen zu diskutieren. Dies wiederum lehnte Franziskus ab, da er eine derartige Diskussion für zwecklos ansah, weil der christliche Glaube nicht mit der Vernunft erfassbar sei und deshalb eine gemeinsame Gesprächsbasis mit den Muslimen fehle.

Den Kreuzfahrern gelang es zwar, Brückenköpfe in Ägypten zu besetzen, niemals jedoch weite Landesteile. Viele syrische Christen flüchteten sich aus Furcht vor den wegen ihrer Rohheit und Brutalität gefürchteten Kreuzfahrer nach Ägypten. Im Jahre 1229 kam es zu einem Abkommen zwischen dem Sultan Al Makil al Kamil (1218-1238) und Friedrich II. Noch 1249 versuchte Ludwig IX., der »der Heilige« genannt wurde, während des Siebten Kreuzzuges erfolglos, Ägypten zu erobern.

18. Mameluken (1252-1517) – Märtyrer der Mamelukenzeit – Sankt Tegi (Ruwais)

Im Jahr 1252 begann die 267-jährige Herrschaft der Mameluken (1252-1517) durch eine Heirat der Frau des verstorbenen letzten Ayyubidensultans Al Malik as Salihmit mit dem Mameluken Izz ad Din Aibak (1252-1257), genannt Al-Malik al Muizz. Dieser drohte den Kopten mit dem Feuertod, wenn sie ihm keine 500.000 Dinar zahlten. Diese Summe wurde schließlich von den Kopten aufgebracht. Dennoch zwang er sie unter Androhung ihrer Hinrichtung, zum Islam überzutreten.

1258 gelang es den Mongolen, Bagdad zu erobern, die Eroberung Ägyptens wurde 1260 von den Mameluken vereitelt. Die Mameluken waren ursprünglich Söldnersklaven, die von den Türken gekauft und militärisch ausgebildet worden waren. Sie errichteten in Ägypten ein Militärregime und hegten wenig Sympathie für ihre christlichen Mitbürger, obwohl auch sie wie ihre Vorgänger die Kopten als Verwaltungsbeamte brauchten und schätzten. Der Nachfolger des ersten Mamelukenherrschers, Baibar I. (1260-1277) war ein großer Feldherr, der die Mongolen Il-Chane 1260 in der Schlacht von Ain Djalut besiegte und das Mamelukenreich zum größten Reich der islamischen Welt machte. Er eroberte 1268 Antiochia und ließ Nubien unterwerfen. Sein Sohn Berke Qan (1277-1279) wurde 1279 von Qalawun (1279-1290), dem Begründer der Bahri-Dynastie gestürzt. Qalawun und sein Sohn Chalil (1290-1293) eroberten 1291 Akkon und damit die letzte Bastion der Kreuzfahrer. Die Mamelukenzeit lässt sich insgesamt in zwei dynastische Perioden aufteilen. Die ersten 25 Bahri-Mamelukensultane von 1250-1390 waren einstige weiße Sklaven aus Zentralasien, die den Abbassiden in Bagdad dienten. Sie waren auf der Nilinsel Rhoda gegenüber von Fustat, Alt-Kairo stationiert und wurden deswegen die »weißen Flussmameluken« genannt. Sie ließen vor allem zur Zeit der Pontifikate der Patriarchen Johannes VII. (1262-1293) und Johannes IX. (1320-1327) die Kopten heftig und grausam verfolgen. Im Jahr 1310 wurde der Sitz des koptischen Patriarchen nach Haret Zuwaila im Fatimidenviertel Kairos verlegt. Großes Unheil widerfuhr den Kopten im Jahre 1320, als viele Kirchen und Klöster in Kairo, Alexandria und Oberägypten zerstört wurden, wie der Geschichtsschreiber Al-Maqrizi (1364-1442) in seiner »Geschichte der Kopten« berichtet. Allein in der Region um Kairo wurden 54 Kirchen zerstört. Die Kopten wehrten sich ihrerseits, indem sie Moscheen in Brand steckten. Wiederum traten viele Kopten zum Islam über, deren Anzahl sich nach dieser Zeit auf ein Zehntel der Bevölkerung verringert hatte. Während es um 1200 in Ägypten noch 2048 Kirchen und 74 Klöster gab, ging ihre Zahl um 1430 auf 193 Kirchen und 74 Klöster zurück.

Den Bahri-Sultanen folgten ab 1390 23 Burgi- oder Festungssultane nach, die in der Zitadelle residierten. Es waren teilweise Tscherkessen oder Mongolen der Goldenen Horde, zwei Griechen waren auch unter ihnen, Kushkadam (1461-1467) sowie Timurburga (1467). Sie wurden 1517 von dem Osmanensultan Selim abgelöst. 1419 erlitten die Christen neue Repressalien. So wurden sie gezwungen, Gewänder mit engen Ärmeln zu tragen und sich Glocken umzuhängen, wenn sie ein öffentliches Bad betreten wollten. Koptische Frauen durften nur gelbe, Männer nur schwarze Kleidung tragen. In Kairo wurde den Kopten das Reiten verboten, auf dem Land durften sie nur Maultiere benutzen. Dabei mussten sie wie Frauen mit beiden Beinen auf einer Seite sitzen.

Als es im Jahr 1438 in der Kirche von Sakha regelmäßig zu Marienerscheinungen kam, zerstörten fanatische Muslime die Kirche. Im Jahre 1439 entsandte die koptische Kirche den Patriarchen Johannes XI. sowie den Abt des Antoniuskloster, Andreas zu einem in Florenz stattfindenden Unionskonzil, das das Ziel verfolgte, die Trennung der beiden Kirchen zu beseitigen. Dieses Ziel wurde jedoch nicht erreicht.

Für die Mamelukenherrscher waren Grausamkeiten vielfach das einzige Mittel, um Recht und Ordnung in Ägypten aufrechtzuerhalten. Die Liste der Märtyrer während der Herrschaft der Mameluken ist deshalb lang. In den letzten Jahren wurden vor allem die Gebeine von Sankt Salib, auch bekannt als Sankt Stauros in zahlreichen koptischen Kirchen verehrt. Er wurde in Hor, in der Nähe von Minya geboren, lebte als Eremit und bekannte sich vor dem Sultan zu seinem Glauben. Er wurde daraufhin gesteinigt und geköpft. Einer der berühmtesten Märtyrer der Mamelukenzeit war Sankt Tegi, auch als Sankt Ruwais oder Sankt Farig (1334-1404) bekannt, dessen Grab in der Nähe der Sankt-Markus-Kathedrale in Abassiya liegt. Dort wird er jährlich am 28. Oktober verehrt. Die Sankt-Ruwais-Kirche fällt architektonisch insbesondere durch ihre drei Bienenkorb-Dome auf. Der junge Tegi (Ruwais) war der Sohn eines Fellachen. Er hatte ein kleines Kamel als ständigen Begleiter, das mit dem Kopf nickte, wenn man es ansprach. Deshalb nannte er sein Kamel »Köpfchen« oder arabisch »Ruwais«. Während der Christenverfolgungen durch die Mamelukensultane wanderte Tegi, nur mit einem Lendenschurz bekleidet und ohne Nahrung zu sich zu nehmen, durch Oberägypten.

Die Engel Seraphim und Cherubim erschienen Tegi im Traum und entführten ihn nach Kairo zum Kloster in Khandaq. Dort versammelte er zahlreiche Anhänger und Jünger um sich. Wegen seiner armseligen Kleidung wurde er jedoch auch zur Zielscheibe von Spott und Verhöhnung durch den Pöbel, der ihn mit Steinen bewarf. Er wurde aber auch als »Theophanius« wegen seiner Gabe der Weissagung verehrt. Schließlich ließ der Sultan Amir Sudun Tegi wegen seines Glaubens verhaften und ihn ins Gefängnis werfen, nachdem er ihn als Narr auf einem Kamel festgebunden durch die Straßen Kairos führen ließ, damit das Volk ihn verspotten konnte. Noch im Gefängnis erschien ihm Jesus Christus. Schließlich wurde er durch Eintreten des Patriarchen Matthäus I. (1378-1408) aus seinem Gefängnis befreit, dem er anschließend noch selbst half, als der Patriarch eingesperrt wurde. Die letzten neun Jahre seines Lebens bis 1405 verbrachte er liegend in einem Bett. Da heilte er viele Leute und tröstete sie. Am 30. Oktober 1405 verstarb Tegi im Kloster Dair al-Khandak, wo er auch in der heutigen kleinen Sankt-

Ruwais-Kirche in Abassiya beigesetzt wurde. Andere Märtyrer der Mamelukenzeit waren Abuna Sidrak al-Antuni und fünf andere Mönche sowie Elias von Durunka, Gabriel aus Fua, Ibrahim aus Shoubra, Bulus von Beni Hasseb, Nasr Allah und Abu Ishaq, Yakub und Yuhanna von Sunbat und Freg at-Tanani.

Einzelheiten sind uns über das Schicksal des Märtyrers Salib (Kreuz) überliefert. Er wurde in der Nähe von Minya geboren. Schon als junger Mann lebte er als Einsiedler und besuchte die Eremiten. Mehrere Male erschien ihm die Jungfrau Maria und bereitete ihn auf das ersehnte Martyrium vor. Der Gouverneur von Oberägypten verhaftete ihn. Anschließend wurde er nach Kairo zum Sultan überführt. Der stellte ihn vor die Wahl, seinen Glauben aufzugeben oder enthauptet zu werden. Er entschied sich für seinen Glauben und wurde am 3. Kihak, dem 29. November enthauptet. Seine Gebeine ruhen heutzutage in der Marienkirche zu Shentana al-Hagarin Minufiya.

Umstritten ist bislang, wann das Massaker an koptischen Bauern in Naqlun im Fayum stattfand. Deren Überreste wurden im Kloster Sankt Gabriel im Fayum gefunden. Während eine These das Massaker in die Monate Oktober und November 1798 in die Zeit der Besetzung durch die Truppen Napoleons datierte und marodisierenden mamelukischen Banden zuschrieb, war es einer anderen These nach der mamelukische Herrscher Al-Nasir Muhammad, der die Christen in den Jahre 1320 und 1321 im Fayum verfolgen und umbringen ließ. Unter dem Patriarchat von Johannes IX. (1320-1327) wurden zu dieser Zeit 55 Kirchen und Klöster zerstört und viele Kopten umgebracht[29].

29 Vgl. Meinardus, O., Coptic Saints and Pilgrims, S. 54.

19. Osmanen (1517-1798)

Auf die Mameluken folgten im Jahr 1517 die Osmanen, die über 250 Jahre Ägypten regierten, bis Napoleon am 1. Juli 1798 nach Ägypten kam. Die Osmanen waren Türken, ihr erster Sultan Selim I. Ägypten wurde damit zur türkischen Provinz (Paschalik). In der Zitadelle von Kairo residierten türkische Paschas als Stellvertreter des türkischen Sultans, insgesamt 109 in nur 281 Jahren. Während Europa durch die Renaissance, die Aufklärung und die Französische Revolution einen kulturellen und geistigen Aufschwung erfuhr, verharrte Ägypten im Mittelalter und erlebte einen kulturellen Niedergang. Die Herrschaft der Osmanen brachte für Ägypten und vor allem für die christlichen Kopten wiederum eine Zeit von Not und Entbehrung. Die türkischen Osmanen waren in erster Linie an schnellem Gewinn und Steuereinnahmen und damit an der wirtschaftlichen Ausbeutung des Landes und seiner Bevölkerung interessiert. In der Verwaltung und damit an den Schalthebeln der lokalen Macht blieben zunächst die Mameluken, die Beys.

Die islamischen Historiker berichten nur vereinzelt von Verfolgungen von Christen und Plünderungen von Kirchen. Die Kopten wurden weitgehend toleriert, obwohl sie noch bis 1815 eine Kopfsteuer (Gizya) bezahlen mussten. Sie durften nur niedere Ämter, vor allem im Finanz- und Steuerwesen bekleiden. Im Jahre 1582 kam es zu einem Treffen zwischen dem koptischen Papst Johannes XIV. (1571-1585) und dem römischen Papst Gregor XIII. Beide verhandelten über eine Wiedervereinigung der beiden Kirchen. Dies scheiterte jedoch am Widerstand einiger koptischer Bischöfe. Im Jahre 1597 unterzeichnete der koptische Papst Gabriel VIII. (1587-1603) ein Dokument, in dem er erneut die Wiedervereinigung der Kirchen forderte.

1769 begann für die Kopten eine wenige Jahre dauernde Blütezeit. In diesem Jahr rief Ali Bey al-Kabir ein unabhängiges Ägypten aus. Die Kopten wurden vor allem wegen ihrer herausragenden Leistungen im Finanzbereich vom Sultan geschätzt und erlangten weitgehend die Gleichstellung mit den Moslems. Dies war vor allem dem Kopten Rizq zu verdanken, der für die Geldprägung zuständig und Ali Beys Finanzberater war. Diese Blütezeit endete abrupt mit dem Tod Al-Kabirs. Nachfolger war Mohammad abu-Dabah (1773-1775), darauf ein Duumvirat aus Ibrahim Bey und Murad Bey (1775-1798). Ägypten geriet damit wieder verstärkt unter den Einfluss von Istanbul. Das führte zu Repressalien der Kopten sowie der in Ägypten beheimateten Europäern. In dieser Zeit engagierten sich insbesondere zwei Kopten, Ibrahim und Girgis für ihre Kirche. So engagierte Ibrahim koptische Schreiber zum Abschreiben alter koptischer Handschriften, um sie einem größeren Kreis von Kopten zugänglich zu machen. Er schenkte der koptischen Kirche unter dem Patriarchen Markus VIII. (1796-1809) ein Grundstück in Kairo, Abassyia für den Bau der Sankt-Markus-Kathedrale, die später zum Amtssitz der koptischen Patriarchen wurde. Besonders nach dem Tod von Ismail Bey im Jahre 1791 durch die Pest kam es zu größeren Aufständen und Unruhen. Insbesondere die europäischen Botschafter in Kairo beschwerten sich damals über ihre schlechte Behandlung beim Sultan in Istanbul. Diese Unruhen boten auch Napoleon den Anlass, zum Schutz der in Ägypten beheimateten Franzosen seinen Ägyptenfeldzug zu führen, um die Unterdrückung der Europäer zu beenden.

20. Der Einmarsch der Franzosen und die Zeit der Unabhängigkeit (1789-1875)

Am 1. Juli 1798 ging Napoleon Bonaparte mit 37.000 Soldaten in Alexandria an Land. Am 21. Juli 1798 besiegte er ein Mamelukenheer bei den Pyramiden von Gizeh und besetzte Kairo. Napoleon richtete eine Militärregierung ein und entsandte Truppen in den Süden bis über Assuan hinaus. Zu dieser Zeit zählte die koptische Kirche wenig Gläubige und ihre Spiritualität war geschwächt. Diese Situation änderte sich paradoxerweise nicht durch die Ankunft der französischen Christen. Napoleon hatte sich selbst als Muslim bezeichnet, aber kaum ein Ägypter traute diesem Bekenntnis. Als die Kunde der Ankunft Napoleons nach Kairo gedrungen war, befanden sich die Kopten in Kairo in akuter Gefahr. Jedoch konnte der osmanische Herrscher Ibrahim Bey die Christen in Kairo vor einem Massaker bewahren. Es war vor allem dem Einsatz des koptischen Generals Ja'qub, der sich auf die Seiten der Franzosen schlug, zu verdanken, dass die Kopten weitgehend mit den Muslimen gleichgestellt wurden. Napoleon interessierte sich weniger für die Religionen in Ägypten, sondern wollte die Engländer schlagen, um sie von Indien fernzuhalten.

Nachdem Napoleon Ägypten verlassen hatte, übernahm Mohammed Ali im Jahre 1803 die Macht in Ägypten. Mohammad Ali (1769-1849) war ein Tabakhändler aus Albanien und wurde an Stelle des türkischen Statthalters in Ägypten zum Pascha ausgerufen. Er holte europäische Lehrmeister nach Ägypten und reformierte das Militär, führte die Baumwolle in Ägypten ein und begann mit der Industrialisierung Ägyptens. Mohammad Ali förderte Christen, griechische, armenische, auch koptische Christen, soweit sie befähigt waren. Sie wurden in der Verwaltung beschäftigt und konnten auch Titel wie Bey oder Pascha annehmen.

In der Regierungszeit Mohammad Alis erlebte Peter VII., der 109. Patriarch im Zeitraum von 1809 bis 1852 das längste Pontifikat von allen Patriarchen. Als Muhammad Alis Tochter Zuhra vom Teufel besessen war, wandte sich dieser mit der Bitte um Hilfe an Peter VII., nachdem alle muslimischen Ärzte und Heilgelehrten ihr nicht helfen konnten. Peter VII. beauftragte einen seiner Bischöfe, Johannes von Minufiya damit, den Teufel aus dem Körper der Tochter des Paschas auszutreiben. Dies gelang ihm auch, der Teufel entwich in der Gestalt eines Bluttropfens aus ihrem Körper. Auf die Frage, was er sich dafür als Dank erhoffe, antwortete der Bischof schließlich, dass er sich für die Kopten wünsche, dass sie überall dort Kirchen bauen dürften, wo sie es wünschten, und dass sie im öffentlichen Leben und in der Regierung mit den Moslems auf eine Stufe gestellt würden. Diesen Wunsch erfüllte Muhammad Ali ihm. Die Kopten erreichten in seiner Regierungszeit eine weitgehende Gleichstellung und eine von Freiheit und Toleranz geprägte Blütezeit. Diese reichte bis in die Regierungszeit seines Enkels, Abbas I. und Said Paschas. Dieser gestattete den Kopten sogar das Tragen von Waffen im von ihnen abzuleistenden Militärdienst. Man kann jedoch den Eindruck gewinnen, dass die koptische Kirche in den nächsten beiden Jahrhunderten ihre spirituelle Vitalität verlor. Aber die koptische Kirche wurde weitgehend toleriert und von größeren Verfolgungen und Verwüstungen verschont. Kyrill IV. (1854-1862) reformierte während seines Pontifikates die koptische Kirche. Er ließ viele Schulen bauen und verbesserte mit einer groß angelegten Bildungsreform den Bildungsstandard der Kopten. Im Jahre 1855 eröffnete er das Koptische Patriarch-Kolleg, in dem viele Sprachen wie Koptisch, Arabisch, Türkisch, Englisch, Italienisch und Französisch gelehrt wurden. Er setzte sich auch für die Ausbildung von Mädchen und Frauen ein und schränkte den Bilderkult in den Kirchen ein. Er starb am 31. Januar 1861.

1855 wurde die Kopfsteuer (Gizyah) für Kopten offiziell abgeschafft und sie erhielten die volle ägyptische Staatsbürgerschaft. 1875 geriet Ägypten in eine schwere Finanzkrise, durch die England und Frankreich ihren Einfluss in Ägypten ausweiten konnten. Die Engländer erwarben die Mehrheit der Aktien am Suezkanal. Offiziell war Ägypten zwar immer noch ein Teil des osmanischen Reiches, faktisch aber hatten jedoch England und Frankreich die Kontrolle über das Land übernommen. 1874 wurde Kyrill V. (1874-1927) zum Papst gewählt. Unter ihm begann mit dem Erwachen, »al Nahda« eine Renaissance des koptischen Glaubens. Er gründete einen aus 24 Mitgliedern bestehenden koptischen Laienrat, »al Maglis al Milli«, der unter dem Vorsitz des Papstes stand und für alle weltlichen Angelegenheiten der Kirche zuständig war. Es wurden die erste koptische Mädchenschule sowie das erste theologische Seminar der koptischen Kirche gegründet. Während seines Pontifikates begründete Habib Girgis (1876-1951) die Sonntagsschulbewegung. 1918 rief Girgis ein Zentralkomitee zur Beaufsichtigung der Sonntagsschulerziehung ins Leben, das die Aufgabe hatte, Kindern und Jugendlichen ein solides Glaubenswissen zu vermitteln. 1948 gründete Papst Yusab II. eine päpstliche Kongregation für die Sonntagsschulerziehung. Dies verlieh der Bewegung einen offiziellen Status innerhalb der koptischen Kirche. In diesem Rahmen wurden alle Pfarrer in Kairo aufgefordert, eine Sonntagsschule einzurichten. Im Sommer 1882 besetzten nach der Schlacht bei Tell al-Kabir englische Truppen Ägypten. Die Hoffnung vieler Kopten auf mehr Freiheiten durch das englische Besatzungsregime erfüllte sich nicht. Obwohl die Engländer auch Christen waren, hielten sie sich weitgehend aus innerägyptischen Streitigkeiten, insbesondere auch aus religiösen Rivalitäten heraus und griffen bei

Streitigkeiten zumeist Partei für die Muslime, welche die Bevölkerungsmehrheit bildeten. Sie vermieden es vor allem, bei den Ägyptern den Eindruck zu erwecken, Kreuzfahrer oder Missionare zu sein.

Im Jahr 1895 rief der römische Papst Leo XIII. in Ägypten das unierte Patriarchat aus, nachdem vorher im 17. Jahrhundert durch Mönchsorden wie die Franziskaner, Kapuziner und Jesuiten die katholische Kirche erfolglos versucht hatte, in Ägypten Fuß zu fassen. Genauso erfolglos war der evangelische Missionierungsversuch durch Georg Pilder und Friedrich Wilhelm Hocker im 18. Jahrhundert. Auch ein zweiter Missionierungsversuch durch eine evangelische Missionsgruppe aus Deutschland im Jahre 1825 scheiterte am ägyptischen Staat und der koptischen Kirche. Erfolgreicher war ein dritter Versuch im Jahre 1881 durch die deutsche Missionsgruppe »Sudan-Pionier-Mission« oder »Evangelische Mohammedaner- Mission«, die es sich zum Ziel gesetzt hatte, eine Missionierung unter den Mohammedanern durchzuführen, zur Belebung der koptischen Kirche mitzuhelfen sowie die Zusammenarbeit mit allen zu erstreben, um alle christlichen Kirchen in Ägypten zu vereinen. Bekehrt wurden jedoch nur Kopten ob ihrer Hoffnung auf eine Verbesserung ihrer wirtschaftlichen Situation, aber keine Muslime.

Auf einem koptischen Kongress im Jahre 1911 in Assiut stellten die Kopten eine Liste von Rechten auf, die sie von der englischen Kolonialverwaltung einforderten. Hierzu gehörten vor allem die Sonntagsruhe für Kopten, die Öffnung öffentlicher Ämter für Kopten sowie die Vertretung und Wahl von Kopten in öffentliche Gremien. Zu Beginn des 20. Jahrhunderts formierte sich der Widerstand gegen die englische Besatzungsmacht vor allem durch die Nationalistische Partei von Mustafa Kamil (1874-1908), die die Übernahme der Regierung durch Ägypter forderte. Es war eine Zeit, in der Christen und

Muslims Hand in Hand gegen die englische Besatzungsmacht arbeiteten. Mit Abuna Sargius predigte sogar ein koptischer Priester in der islamischen Al-Azhar-Universität, dem Zentrum für Islamstudien und Orthodoxie. Kopten wurden aktiv in der nationalen Wafid-Bewegung, in dem gemeinsamen Kampf aller Ägypter für Freiheit und Unabhängigkeit. Nach Beendigung des 1. Weltkrieges verloren die Türken und damit das osmanische Reich ihren Einfluss in Ägypten. England und Frankreich, die zu den Siegermächten gehörten, teilten die vormals zum osmanischen Reich gehörenden Gebiete weitgehend unter sich auf. In der Zeit von 1935 bis 1941 wurde eine Anregung der amerikanisch-evangelischen Missionen aufgenommen und in ganz Ägypten koptische Sonntagsschulzentren gegründet. Es folgte das Patriarchat von Joseph II. (1946-1956), eines schwachen und unentschlossenen Patriarchen. Sein Patriarchat führte die koptische Kirche in eine Krise. Die Korruption wuchs innerhalb des koptischen Klerus. Ein Fellache aus Oberägypten, Malik, gewann großen Einfluss auf den Patriarchen und dessen Amtsgeschäfte. Er wurde zur grauen Eminenz in der Kirche. Über ihn liefen die Ernennungen von Bischöfen und Priestern. In der lokalen Presse wurde Joseph II. kritisiert. Eine Gruppe von Kopten (Umma Qibtiya, Gesellschaft der koptischen Nation) schloss sich zusammen und forderten seine Abdankung. Am 25. Juli 1954 eskalierte die Auseinandersetzung mit einem Kidnapping des Patriarchen. Nach einer Intervention der ägyptischen Polizei kehrte der Patriarch in seine Residenz zurück. Vierzehn Monate später erklärte sich die ägyptische Regierung mit der Abdankung des Patriarchen einverstanden, da der Patriarch außerstande war, seine Dienstgeschäfte zu erfüllen. Er wurde daraufhin in das Muharrak-Kloster verbannt und seine Dienstgeschäfte von einem Triumvirat aus koptischen Bischöfen übernommen. Am 14. November 1956 starb Joseph II. Der Thron des Patriarchen blieb daraufhin zweieinhalb Jahre bis zum 19. April 1959 verwaist, als Kyrill VI. als Nachfolger Josephs II. den Patriarchenthron bestieg.

21. Das moderne Ägypten – Ägypten als Republik

Mit der Revolution vom 23. Juli 1952 und dem Sturz des Königs Faruk wurde die Religionsfreiheit offiziell ausgerufen. Die Führer der Revolution, der Geheimbund der Offiziere unter Führung von Mohamed Nagib, hatten sich dazu bekannt, jede Art von Diskriminierung aufgrund der Rasse, der Sprache und der Religion abzuschaffen und zu bekämpfen. Am 15. Oktober 1952 erklärte Nagib, dass die Minderheiten wie Juwelen selten und deshalb besonders wertvoll seien. Es ist die Einheit aller Bürger, die dem Staat und der Nation Kraft gibt[30]. Am koptischen Neujahrstag, dem 10. September 1952 stellte sich Nagib selbst an die Spitze der Feierlichkeiten im koptischen Patriarchat, so dass die Feierlichkeiten zu einer patriotischen Manifestation des Miteinanders und der Harmonie zwischen Muslimen und Kopten wurden. Im gleichen Jahr sagte der ägyptische Gesandte bei der UN, Dr. Mahmud Azmi zur Erklärung der UN Charta zur Religionsfreiheit: »Das islamische Gesetz widersetzt sich allen Arten von religiöser Verfolgung. Als Mitverfasser der UN Charta wird Ägypten die volle Religionsfreiheit garantieren. Artikel 12 der ägyptischen Verfassung, welcher Bestimmungen zur Religionsfreiheit enthält, bedeutet nicht nur, dass jeder frei seine Religion wählen kann, sondern auch, dass er frei und ungehindert seine Religion wechseln darf.« Zum koptischen Weihnachts-

30 Meinardus, O., Two thousand Years Coptic Christianity, S. 82.

fest im Januar 1953 sandte Nagib den Kopten folgende Botschaft: »Während wir den Klang der Glocken hören, welche die ewige Botschaft Christus weiter tragen, so möchte ich allen Völkern auf der Erde Frieden und Wohlstand wünschen, damit die Botschaft des Allmächtigen sich erfülle.«

Am 18.6.1953 wurde durch Mohamed Nagib die Republik Ägypten ausgerufen. Nach Nagibs Absetzung durch den Revolutionsrat übernahm 1954 Oberst Gamar Abd el Nasser (1919-1970) die Macht. Sein Verhältnis zur koptischen Kirche war offen und tolerant. Nasser führte Reformen zur Überwindung des Massenelends durch (arabischer Sozialismus) und vertrat außenpolitisch eine gegen Israel gerichtete panarabische Politik. 1958 kam es zur Vereinigung Ägyptens mit Syrien und zur Gründung der »Arabischen Republik«, die jedoch nur bis 1961 Bestand hatte. In der Regierungszeit Nassers wurden das Koptische Institut und die Theologische Fakultät in Kairo gegründet. Ihre Ziele waren der Umgang und die Pflege des Koptischen, das Sammeln von Literatur zur koptischen Dogmatik, Kirchengeschichte und zur koptischen Kultur. Die Theologische Fakultät war zugleich Lehranstalt für angehende koptische Priester, die das Lesenkönnen koptischer Texte für den Gottesdienstgebrauch vermittelte. Nasser förderte mit Staatsgeldern den Bau der Markus-Kathedrale in Kairo Abassyia. Sie ist mit 13.000 Plätzen die größte Kirche im Nahen Osten. Er selbst legte am 24. Juli 1965 den Grundstein zum Bau der Kathedrale. In seiner Ansprache betonte er, dass Christen und Muslime immer als Brüder gelebt haben. Während des Suezkrieges im Oktober und November 1956 zeigten sich die Kopten mit den Muslimen solidarisch und loyal zu ihrem Vaterland, das sie von dem gemeinsamen Feind, Israel bedroht sahen. So fand am 4. Oktober 1956 vor dem koptischen Patriarchat eine große gemeinsame Demonstration von Christen und Muslimen statt.

In die Regierungszeit Nassers fiel auch das Pontifikat von Kyrill VI., in der Zeit von 1959 bis 1971. Kyrill wurde am 10. Mai 1959 zum Papst gewählt, der mit bürgerlichem Namen Azar Ata am 2. August 1902 als Sohn eines Diakons geboren wurde. Nachdem er zunächst bei einem Schifffahrtsunternehmen gearbeitet hatte, trat er 1928 gegen den Wunsch seiner Familie als Mönch in das Baramous-Kloster im Wadi Natrun ein. Er nahm den Namen Menas an. Nach einem Studium der Theologie in Helwan zog er sich in eine Höhle in die Wüste zurück und lebte als Eremit. Danach wurde er zum Abt des Klosters Sankt Samuel in der östlichen Wüste südlich von Suez berufen, das er restaurierte. Er gründete weitere Kirchen und Klöster und belebte die vorhandenen Klöster. Im April 1959 wurde er als Nachfolger des glücklosen Joseph II. zum 116. Papst der Kopten gewählt. Als Papst intensivierte er vor allem das geistliche Leben in den Pfarrgemeinden und unterstützte die im Ausland, in der Diaspora lebenden Kopten. Er pflegte einen engen Kontakt zu den Gläubigen und hatte für jeden ein offenes Ohr. Sein Patriarchat stand im Unterschied zu seinem glücklosen Vorgänger Joseph II. unter einem günstigeren Stern. Er verfügt über gute Kontakte zur ägyptischen Regierung, insbesondere zum damaligen Präsidenten Nasser. Während seines Pontifikates erschien am 2. April 1968 die Jungfrau Maria auf dem Dach der Marienkirche in Zeitun. In den nächsten drei Jahren wurde die Marienerscheinung von fast 1 Million Menschen gesehen.

Am 24. Juli 1968 wurden Reliquien des Heiligen Markus, die sich in San Marco in Venedig befanden, von Paul VI., dem Oberhaupt der römisch-katholischen Kirche, der koptischen Kirche zurückgegeben. Sie fanden nach Fertigstellung der Sankt-Markus-Kathedrale in Abassiya dort ihre letzte Ruhestätte. Auch zum damaligen Rektor der muslimischen Al-Azhar-Universität, Scheich Hassan

Mamun, unterhielt Kyrill VI. offene, fast freundschaftliche Beziehungen.

1969 rief Papst Kyrill VI. zur Wiederbelebung des Makariosklosters sowie der anderen Klöster im Wadi Natrun auf. Daraufhin traten hunderte koptischer Ärzte, Juristen, Agronomen und Ingenieure unter Führung des geistlichen Vaters Matta el-Maskin in die Klöster ein und belebten sie. Nach dem Tod Nassers wurde am 28.9.1970 Mohammad Anwar As-Sadat dessen Nachfolger. Unter ihm erfolgt eine Islamisierung Ägyptens. Am 9. März 1971 starb Kyrill VI. im Alter von 69 Jahren. Sein Leichnam wurde in der Kathedrale Sankt Menas bestattet. Nach seinem Tod wird er als Heiliger verehrt. Am 31. Oktober 1971 wurde Schenuda III. zu dessen Nachfolger und zum 117. Nachfolger des Heiligen Markus gewählt. Schenuda III. verbrachte auch nach seiner Wahl mehrere Tage pro Woche als Einsiedler in der Wüste beim Kloster Anba Bishoi. Jeden Mittwoch kam er nach Kairo zurück und hielt dort einen theologischen Vortrag in der Sankt-Markus-Kathedrale, zu dem jedes Mal annähernd 8000 Gläubige kamen. Dabei beantwortete er Fragen, die ihm von den Besuchern auf Zetteln vorgelegt wurden.

Am 10.5.1973 erfolgte die gemeinsame Erklärung von Papst Paul VI. und Schenuda III., »Declaration of Common Faith«, eine Erklärung zur Christologie, mit dem beide das Schisma von Chalcedon aus dem Jahre 451 für beendet erklärten. Der Beginn des Pontifikats Schenudas III. war von schweren Auseinandersetzungen zwischen Christen und islamischen Fundamentalisten in Oberägypten und dem Delta überschattet.

Nach dem für Ägypten erfolgreichen Ramadan-Krieg mit Israel nahm der islamische Fundamentalismus zu. Sein Ziel war es, die ägyptische Regierung zu schwächen. Christen und Moslems bekannten sich zu dieser Zeit jeweils zu ihrem Glauben, indem die Moslems den Koran sichtbar auf das Armaturenbrett ihres Wagens legten sowie Aufkleber mit der Verkündigung: »Es gibt keinen Gott außer Gott«, die Kopten ihrerseits Aufkleber mit dem Bild ihres Papstes Schenuda an den Stoßstangen ihrer Wagen anbrachten. Es wurden Kirchen zerstört und koptische Priester und Geschäftsleute ermordet.

Zwar wurden die Ausschreitungen der Islamisten vom ägyptischen Präsidenten Sadat verurteilt, andererseits verurteilte er aber auch die Reaktionen der Kopten. Am 6. Januar 1980, dem koptischen Heiligabend explodierten in mehreren koptischen Kirchen in Alexandria Bomben. Trotz eines scharfen Protests durch Papst Schenuda III. wurden die Schuldigen nicht ermittelt. Daraufhin sagte Schenuda III. die Feierlichkeiten zum bevorstehenden Osterfest und insbesondere den jährlichen traditionellen Empfang der Regierungsvertreter ab. Dies wurde vom muslimischen Präsidenten Sadat als Affront gegen sich und seine Regierung angesehen. In einer Rede vom 14. Mai 1980 vor dem ägyptischen Parlament klagte Präsident Sadat die Kopten offiziell an, die Stabilität und Einheit Ägyptens dadurch zerstören zu wollen, dass sie einen koptischen Staat im Staate und im oberägyptischen Asyut eine koptische Hauptstadt gründen wollten. Durch die gegenseitigen Vorwürfe verschlechterte sich das Verhältnis zwischen dem ägyptischen Präsidenten und Papst Schenuda III. Am 24. Mai 1980 erklärte das ägyptische Parlament in einer Verfassungsänderung die islamische Scharia zur wichtigsten Grundlage für jegliche Gesetzgebung. Das sahen die Kopten als Affront gegen sich an. Im Juni 1981 kam es zu Verfolgung und Tötung von Kopten in Ez Zawya El Hamra in Kairo, als Muslime auf dem Bauplatz einer koptischen Kirche den Grundstein einer Moschee legten. Als die Kopten hiergegen protestierten, brannten fanatische Moslems fünf koptische Kirchen nieder und verwüsteten 171 koptische Geschäfte. Es gab 18 Todesopfer und 112 Verletzte.

Danach wurden rund 15.000 Moslems und Christen verhaftet Als Papst Schenuda III. beim Präsidenten Sadat gegen die Anwendung der Scharia-Gesetze auf die Kopten und gegen die rücksichtsvollen Regierungsmethoden gegenüber den muslimischen Mördern protestierte, entband Sadat Schenuda III. von seinen priesterlichen Aufgaben und verbannte ihn mit acht koptischen Bischöfen in das Kloster Anba Bischoi im Wadi Natrun. Da blieb er vier Jahre in Verbannung. Zugleich ließ Sadat 1536 Oppositionelle, zumeist Intellektuelle, und 150 Kopten, darunter Bischöfe, Priester und Amtsträger verhaften. In seiner Abwesenheit wurde Schenuda III. von Bischof Samuel und fünf weiteren Bischöfen vertreten. Am 6.10.1981 wurde Präsident Sadat bei einer Militärparade ermordet, mit ihm auch Bischof Samuel, der Vertreter Schenudas III. Nachfolger von Sadat wurde Hosni Mubarak.

Am 2. Januar 1985 wurde auf den Protest der christlichen Welt und des Vatikans Schenuda III. durch den neuen Präsidenten Mubarak unter Widerruf des Dekrets Sadats vom September 1981 sowie weitere 14 koptische Bischöfe wieder freigelassen und in ihre Ämter eingesetzt. Über 10.000 koptische Christen hießen ihren Papst in der Markus-Kathedrale in Kairo willkommen. Dabei versprach Schenuda III. in seiner Ansprache, sein Bestes zu tun, um Liebe, Frieden und Versöhnung zwischen der koptischen Kirche und dem ägyptischen Staat und den Muslimbrüdern wiederherzustellen und zu vertiefen. »Wir sind wie Organe in einem Körper, welcher ist Ägypten«, betonte er. Mit der Rückkehr Schenudas III. verbesserten sich die Beziehungen zwischen den Kopten und den Muslimen zusehends. Seit 1986 lud Schenuda III. jedes Jahr am Ende des Fastenmonats Ramadan die geistlichen Führer der Muslime zu einem gemeinsamen Essen ein. Dieser Brauch wurde danach in allen ägyptischen Diözesen als ein Symbol der gegenseitigen Liebe und des guten Willens eingeführt. Immer wieder betonte Schenuda III. in seinen Reden, dass die Kopten keine schutzbedürftige Minderheit seien, sondern ein Teil von Ägypten. Als ein solcher sah er die Kopten lange Zeit auch in ihrem Verhältnis zu den Juden und zu Israel. Er drohte jedem Kopten mit der Exkommunikation, der Israel und insbesondere Jerusalem besuchen werde.

Im März 1986 erschien die Jungfrau Maria tausenden Menschen auf dem Dach der Kirche Sankt Damiana als eine weiß gekleidete Frauengestalt. Nachdem entsprechende Wunderberichte vorlagen, ordnete Schenuda III. eine Untersuchung der Marienerscheinung an.

In den Jahren 1988 bis 1990 versuchte eine Kommission aus griechisch-, russisch- und orientalisch-orthodoxen Christen in Anlehnung an die mit der römisch-katholischen Kirche im Jahre 1973 erzielten Einigung, das Schisma von Chalcedon zu überwinden. Man einigte sich im Jahr 1991 bei einem Treffen im Kloster des heiligen Bishoy im Wadi Natrun schließlich auf eine gemeinsame Formulierung zur Natur Christi. Damit konnte die kirchliche Gemeinschaft der orthodoxen Christen wiederhergestellt werden. Im November 1991 erhielt Papst Schenuda III. dafür den Friedenspreis der Vereinten Nationen. Dennoch kam es immer wieder zu Vorfällen, die das friedliche Zusammenleben von Kopten und Muslimen gefährdeten. So wurden im Jahre 1997 arabische Sprachbücher in ägyptischen Schulen mit Koranversen gefüllt, die auch für die koptischen Kinder für verbindlich erklärt wurden. Sie mussten sie dem Koran entsprechend lernen und jedes Mal, wenn Mohammeds Name erwähnt wird, sagen oder schreiben: »Allah segne und grüße ihn.«

Diese Unstimmigkeiten zwischen den Religionen entluden sich immer wieder auch in Gewalttaten.

22. Gewalttaten gegen koptische Christen im 20. und 21. Jahrhundert

In der Zeit nach dem Tod von Präsident Nasser, der eine friedliche Koexistenz zwischen Muslimen und Kopten gewährleistet hatte, fanden von 1972 an bis heute zahlreiche Gewalttaten gegen Christen in Ägypten statt. Bei den Tötungen durch fanatische islamische Extremisten im späten 20. Jahrhundert ist zu unterscheiden zwischen Christen, die nur wegen ihrer Zugehörigkeit zum koptischen Glauben getötet worden sind, und solchen, die ermordet wurden, weil sie furchtlos Zeugnis für ihren Glauben abgelegt hatten. So war für die Mitglieder der »Gamaat al Islamiya«, einer islamistischen Terrororganisation, allein die Identität als Kopte Grund genug für einen Mord. Dies war z. B. der Fall bei dem Mord an 60 Kopten am 12. Dezember 1972 in Al-Khanka, dem Mord an zehn Kopten im Sommer 1981 in Al-Zawiya al-Hamra (Kairo) und bei der Ermordung von 20 Kopten im oberägyptischen Dorf Al-Kusha am 31. Dezember 1999. Begünstigt wurde die Verfolgung von Christen auch durch die Berichterstattung in den staatlichen Medien und die Schulen, in denen die Bevölkerung teilweise gegen die Kopten aufgehetzt wurde. Verstärkt wurde dieses negative Klima durch die Hasspredigten einiger Imame und durch die Duldung dieses Verhaltens durch die ägyptischen Behörden. Am 6.11.1972 wurde im Kairoer Stadtgebiet El Khanka eine Kirche in Brand gesetzt sowie einige koptische Läden zerstört. Im März 1978 wurden in den Regierungsbezirken Minya, Assiut und Kairo Kirchen niedergebrannt und Priester überfallen, einer davon wurde in der Stadt Samalout ermordet und eine weitere Kirche in Abu Zaabel in Kairo niedergebrannt. Am 2.8.1978 wurden in Dalua/Qalyubiya zwei Kopten ermordet.

Am 4.9.1978 wurden in El Taufiqiya/Samalout der Erzpriester Ghobrial Abd El-Mutagally sowie eine Frau und ein Kind ermordet. Am 24.11.1978 wurde in Abu Tyg/Assiut der Priester Roweis Zakher ermordet. Im März 1979 wurde die antike Kirche »Qasriyat El Rhaan« in Alt-Kairo niedergebrannt.

Im Januar 1980 wurden in Alexandria einige Kirchen überfallen. Im März 1981 erfolgte in Kairo im Gebiet von Zaouiya El-Hamra ein bewaffneter Überfall auf Kopten, bei dem ein Priester ermordet, 22 christliche Familien vertrieben und Dutzende von koptischen Apotheken und Läden zerstört wurden. Im März 1987 kam es in der Stadt Sohag zu Unruhen und einem religiös motivierten Aufruhr, nachdem die islamische Gemeinschaft die christlichen Bewohner der Stadt beschuldigt hatten, eine Moschee niedergebrannt zu haben. Die Stadtbevölkerung von Sohag wurde von Islamisten aufgerufen, die Kirche der Heiligen Jungfrau neben der Moschee niederzubrennen. Im September 1987 fanden in der Stadt Minya Kämpfe zwischen muslimischen und christlichen Gruppen nach dem Überfall auf ein Konzert statt. Im September 1988 wurde in Rod El-Farag/Kairo eine koptische Kirche niedergebrannt und ihre Einrichtung zerstört. Im November 1988 wurde in die Kirche der Jungfrau in Shoubra/Kairo anlässlich einer koptischen Hochzeit ein Sprengsatz geworfen und am 24. November 1988 Abuna Ruwais, der Pastor der Kirche Johannes Baptist in Diwaina (Abu Tig) ermordet. Im Januar 1989 erfolgte in der Stadt Minya ein Anschlag muslimischer Gruppen auf koptische Bürger. Im Dezember 1989 fanden in Assiut Demonstrationen und Übergriffe der islamischen Gesellschaft gegen Kopten statt. Im März 1990 wurden in Minya und Abu Qerqas koptische Läden niedergebrannt. Im April 1990 wurden in Alexandria sieben Kopten ermordet, darunter ein Priester und ein Kind. Am 12. Mai 1990 wurde in Ain Shams/Kairo gegen die Kirche der Jungfrau ein Sprengsatz geworfen. Im Februar 1991 wurde in Beni Suef an drei große koptische Apotheken Feuer gelegt. Im April 1991 erfolgten in Minya erneut Zusammenstöße zwischen der islamischen Gemeinschaft und Kopten. Im April 1991 wurden in Ain Shams, Shoubra und Zeitun Raubüberfälle auf koptische Juweliergeschäfte verübt. Im September 1991 wurden in Imbaba/Kairo Kopten ermordet und ihre Wohnungen zerstört. Im Mai 1992 wurden in Dayrout/Assiut zwölf Kopten, darunter ein Kind sowie ein Lehrer während des Unterrichts ermordet. Im Januar 1993 wurden in Dayrout/Assiut ein koptischer Ladenbesitzer und ein Bürger ermordet sowie drei Kopten durch die Terrorgruppe Djihad verwundet. Im Juni 1993 kam es in Sohag zu einem Zusammenstoß zwischen muslimischen und einer christlichen Familie. Dabei wurden zwei Christen ermordet. Im Juli 1993 ermordeten Extremisten einen Kopten. Im August 1993 ermordeten Extremisten den koptischen Konrektor einer Schule, den koptischen Direktor des Gefängniskrankenhauses sowie einen weiteren Kopten. Im gleichen Monat wurde in Assiut ein christlicher Juwelier ermordet. Im September 1993 überfielen drei Extremisten eine evangelische Kirche.

Im Oktober wurden in Assiut ein christlicher Spirituosenhändler sowie sein Sohn beschossen. Im gleichen Monat wurde dort ein koptischer Geheimpolizist sowie ein Hilfspolizist ermordet und ein Apotheker verwundet. In Dayrout/Assiut wurde ein koptischer Apotheker ermordet und zwei andere verwundet.

Im März 1994 wurden im El-Muharrak-Kloster Besucher und Mönche des Klosters beschossen sowie fünf Kopten getötet. Seit 1995 erfolgten immer wieder Ausschreitungen und Übergriffe junger fanatischer Moslems gegenüber Kopten, deren Häuser und Kirchen. Die Vorfälle finden nunmehr auch durch die Berichterstattung in den internationalen Medien weltweit Aufmerksamkeit. Im September 1995 wurde der koptische Juwelier M.

Fahmi el-Echnini, ein 45-jähriger Familienvater im mittelägyptischen Maghegha am helllichten Tag von weißgekleideten Islamisten getötet. Im Februar 1996 wurden in El Badari/Assiut fünf Kopten ermordet. Im März 1996 wurden in Kafr Demian/Sharkia koptische Wohnungen und Läden sowie eine koptische Kirche überfallen. Im August und September 1996 wurden Kopten in Tahta, Beni-Ebeid und Mallawi getötet. Am 12. Februar 1997 wurde im Dorf El-Fikriya/Minya die koptische Kirche Sankt Georg überfallen und dabei zehn Kopten, die sich anlässlich eines Gebetstreffens in der Kirche befanden, ermordet. Am 13. März 1997 wurden in Nag Hammady acht Kopten von jungen Islamisten ermordet, die offenbar den Auftrag hatten, die Dörfer von allem zu reinigen, was nicht rein islamisch ist. Im selben Monat wurden die Kirche und Häuser in Temsaheyia angezündet.

Vielfach war der Bau oder die Existenz von koptischen Kirchen Anlass für derartige Pogrome. So wurden zum Freitaggebet Muslime durch lokale fundamentalistische Imame zu Übergriffen auf Kopten mit Worten wie: »Wie können wir akzeptieren, dass es gegen Ende dieses 20. Jahrhunderts immer noch in unserem muslimischen Land eine Kirche nur wenige Meter von unserer Moschee gibt? Dass sich ein Kreuz höher erhebt als der Halbmond? Es ist Unsinn und Feigheit von uns, dies zu erlauben« aufgewiegelt. Am 22. April 1997 wurden in Minya bei Unruhen zwei Kopten ermordet, einer davon war ein Hilfspolizist. Bei der Morduntersuchung ging die Polizei äußerst brutal gegen 1200 Kopten vor. Einige von ihnen wurden gefoltert. Im August 1998 wurden im Dorf Kushh/Sohag zwei koptische Jugendliche umgebracht und zwei weitere verletzt.

Am 31.12.1999 wurden in Kosheh/Sohag nach einem Streit zwischen einem koptischen Händler und einer Muslimin nach einem Handgemenge zwanzig Kopten und ein Moslem getötet sowie ca. 70 koptische Läden und Häuser zerstört. Darüber hinaus gab es 33 Verletzte. Zahlreiche Wohn- und Geschäftshäuser der Kopten wurden in Brand gesetzt. Von den 30.000 Einwohnern Koshehs waren drei Viertel Christen und die Muslime in der Minderheit. Gleich viel Kirchen und Moscheen, fünf, existierten aber in Kosheh. Anfang des Jahres 2001 gab es Ausschreitungen in Kosheh/Sohag, in denen 21 Kopten getötet und verletzt wurden. Über 70 Häuser und Geschäfte wurden dabei niedergebrannt. 2002 wurden nach der Einweihung einer Kirche in der Provinz Minya elf Kopten verletzt. 2006 wurden bei Angriffen auf drei Kirchen in Alexandria ein Kopte getötet und 17 verletzt. In demselben Jahr bemängelte die Menschenrechtsorganisation »Human Rights Watch«, dass Ägypter, die vom Islam zu einer anderen Religion übertreten wollen, verhaftet werden können. Ägyptische Behörden würden sich außerdem weigern, den Religionswechsel einzutragen. Im Februar 2007 nahm die ägyptische Polizei in Armant zwei koptisch-orthodoxe Familien fest, nachdem diese zur Polizeistation gekommen waren, um Brandanschläge auf ihre Häuser anzuzeigen. Die Kopten wurden von der Polizei gezwungen, ein Protokoll zu unterzeichnen, dass sie ihre Häuser selbst angezündet hätten, um die Tat Muslimen anzulasten und Polizeischutz anzufordern. Nach einem Bericht der Menschenrechtsorganisation »Initiative für Persönlichkeitsrechte« haben allein zwischen 2008 und 2010 Muslime 60 Gewalttaten gegen Christen verübt.

Am 16.6.2008 wurde die Kirche von Sakha niedergebrannt. Im gleichen Monat griffen in Deir Abu Fana in der Provinz Minya radikale Muslime ein koptisches Kloster an. Sie wollten die Instandsetzung des Klosters und die Wiedererrichtung der Klostermauern verhindern. Dabei verschleppten sie drei Mönche, um sie zu misshandeln und schwer zu verletzen. Einen anschließenden Protestmarsch von ca. 300 Kopten löste die ägyptische Polizei unter Einsatz ihrer Schusswaffen auf. Dabei wurde ein Muslim getötet und vier Christen schwer verletzt. Acht Kopten wurden festgenommen, darunter auch der koptische Bauunternehmer, der mit der Restaurierung des Klosters beauftragt worden war. Ende September 2008 mussten mehrere koptisch-orthodoxe Klöster im Nordwesten Ägyptens, darunter die bekannten Klöster im Wadi Natrun, Deir Anba-Bishoy, Deir al-Suryan und Deir al-Baramus sowie das Mar Mina-Kloster in Alexandria wegen Terrorgefahr geschlossen werden.

Am 12. Oktober 2008 wurde der koptische Pfarrer Metaos Wahba in Kairo wegen angeblicher Urkundenfälschung zu fünf Jahren Gefängnis verurteilt. Er hatte eine zum Christentum konvertierte Muslimin und einen Christen getraut. In Ägypten ist es muslimischen Frauen verboten, Männer zu heiraten, die keine Muslime sind. Um ihren christlichen Verlobten heiraten zu können, sah die ehemalige Muslimin keinen anderen Ausweg, als Pfarrer Wahba gefälschte Dokumente vorzulegen. Wahba traute das Paar und stellte ihnen die Heiratsurkunden aus. Das brachte ihm fünf Jahre Gefängnis ein. Das in Ägypten bestehende Verbot des Religionswechsels zum Christentum sowie das Verbot für muslimische Frauen, Nicht-Muslime zu heiraten, stellt einen Verstoß gegen die Menschenrechte und das Völkerrecht dar.

Am 23. November 2008 kam es in Ain Schams, einem Stadtteil im Nordosten von Kairo zu blutigen Zusammenstößen zwischen Christen und Muslimen. An diesem Tag waren etwa 1000 Kopten, die meisten Frauen und Kinder, zum Gebet im Gemeindehaus zusammengekommen, das sie als Kirche nutzten. Vor dem Gebäude versammelten sich zur gleichen Zeit nach dem Abendgebet mehrere tausend Muslime, um gegen die christliche Zusammenkunft zu protestieren. Dabei warfen sie Steine und Brandsätze und drohten: »Wir werden die Kirche niederreißen«. Dabei warfen sie den Christen vor, das Gebäude sei nicht offiziell als Kirche zugelassen. Für die christlichen Gemeinden ist es in Ägypten nicht leicht, die staatliche Bewilligung für den Bau einer neuen Kirche zu erhalten. Deshalb nutzen sie oft ihre Gemeindehäuser als Behelfskirchen. Die Polizei griff erst ein, als die Auseinandersetzung eskalierte und Personen verletzt wurden.

Als im April 2009 in Mexiko die Schweinegrippe H1N1 ausbrach, nahm das ägyptische Landschaftsministerium diesen Vorfall, der sich in einem anderen Teil der Welt abgespielt hatte, zum Anlass, die Tötung aller Schweine in Ägypten anzuordnen. Diese Schweine befanden sich ausschließlich im Eigentum von Christen, weil den Muslimen das Schwein als unrein gilt. Die meisten dieser Schweine gehörten den Müllsammlern, den »Zahbalin«, die in einer slumartigen Siedlung in der Nähe des Mokkatamgebirges in Kairo leben. Diese leben von dem Müll und den Abfällen aus Kairo, die sie wiederaufbereiten und teilweise an ihre Schweine verfüttern. Die rund 150.000 christlichen Schweinehalter erhielten für ihre 350.000 Schweine zwar eine staatliche Entschädigung. Diese lag jedoch weiter unter dem Marktwert der Schweine.

Am 26. August 2009 sprach der muslimische Ältestenrat im mittelägyptischen Dorf Ezbet Dawood Yousseff in der Provinz Minya eine Todes-Fatwa gegen den koptischen Priester Estefanos Shehata aus, nachdem er sie um Erlaubnis gebeten hatte, einen privaten Raum als religiösen Versammlungsort zu nutzen und eine Gebetshalle bauen zu dürfen. Bislang konnten die Kopten in dem Ort religiöse Zeremonien wie Beerdigungen und Hochzeiten nur auf der Straße abhalten. In Ägypten müssen Gebäude, die religiösen Zwecken dienen sollen, vom Staat genehmigt werden. Von staatlicher Seite wurde dem Priester gesagt, er müsse zunächst das Einverständnis der Muslime im Ort einholen, damit es nicht zu Streitigkeiten käme. Obwohl es in dem Dorf bereits eine Moschee gab und eine zweite in Planung war, verweigerte der muslimische Ältestenrat des Dorfes sein Einverständnis und versuchte, den Priester durch die Todes-Fatwa unter Druck zu setzen.

Am 6. Januar 2010 wurden 6 Kopten nach dem Besuch der Christmette in Nag Hammadi getötet. Islamisten fuhren in Autos vor die Kirche und schossen aus ihren Autos auf die Gläubigen, die gerade aus dem Weihnachtsgottesdienst kamen. Vor diesem Anschlag hatten 13 Wochen lang muslimische Fundamentalisten in der Stadtmoschee von Alexandria Demonstrationen abgehalten und öffentlich zum Mord an koptischen Christen und deren Oberhaupt Papst Schenuda III. aufgerufen. Sie hatten wochenlang christliche Geschäfte geplündert und angezündet. Sie behaupteten, ein Kopte hätte ein muslimisches Mädchen vergewaltigt.

Am 1. Januar 2011 explodierte eine Autobombe vor der Kirche St. Markus und St. Petrus in Alexandria. Dabei kamen 24 Menschen, überwiegend Kopten ums Leben, 97 wurden schwer verletzt. Zu dem Attentat konnte es kommen, weil trotz der großen Zahl von rund zweitausend Gottesdienstbesuchern die Polizei ihre Sicherheitskräfte auf fünf Personen reduzierte und nichts unternahm, als ein Skoda direkt gegenüber dem Kirchengebäude parkte, von dem aus die Bombe gezündet wurde. Der damalige Präsident Mubarak verurteilte den Anschlag. Der Gouverneur von Alexandria, Adel Labib machte im ägyptischen Staatsfernsehen die islamistische Terrororganisation Al-Qaida für den Anschlag verantwortlich. Der ägyptische Rechtsanwalt und Direktor des Al-Kalema Center for Human Rights, Mamdouh Nakhla vermutete, dass das ägyptische Innenministerium in den Terroranschlag verwickelt gewesen sei.

Am 11. Januar 2011 schoss ein Polizist in Zivilkleidung während einer Zugfahrt von Asyut nach Kairo auf eine Gruppe von Kopten. Dabei wurden der 71-jährige Fathi Gattas getötet sowie fünf weitere Kopten, darunter eine Frau, schwer verletzt. Die Kopten erkannte er an der Tätowierung eines Kreuzes am rechten Handgelenk. Bevor er auf die Kopten schoss, rief er: »Allahu akbar«.

23. Die Revolution von 2011, der »Ägyptische Frühling« und die neue Verfassung vom 26.12.2012

Die Protestkundgebung in Kairo am 25. Januar 2011 leitete die Revolution von 2011, den »Ägyptischen Frühling« ein, die zur Abdankung des Präsidenten Mubarak führte. Am 11. Februar 2011 verkündete der Oberste Militärrat, dass Präsident Mubarak sein Amt aufgäbe und das Militär die Macht übernähme. Die Verfolgung und Ausgrenzung von Kopten, insbesondere durch Salafisten und Muslimbrüder ging auch nach der Revolution vom Januar 2011 unvermindert weiter. Damit gehören die ägyptischen Kopten eindeutig zu den Verlierern des »Ägyptischen Frühlings und Umbruchs«.

Was anfangs von den meisten Kopten als ein Schritt auf eine Demokratisierung und mehr Glaubensfreiheit und Toleranz gefeiert wurde, erwies sich als großer Irrtum. Über 100.000 Kopten haben Ägypten seit der Absetzung Mubaraks verlassen. Morde und Übergriffe auf koptische Christen gehören inzwischen zur Tagesordnung. Eine Auflistung der Angriffe auf koptische Christen findet man unter anderem im Bericht 2014 von »Kirche in Not«, »Religionsfreiheit weltweit« im Länderbericht über Ägypten unter Angabe der einzelnen Fundstellen (www.religionsfreiheit-weltweit.at).

Am 23. Februar 2011 beschossen Soldaten der ägyptischen Armee das im Wadi Natrun gelegene Anba-Bishoy-Kloster mit Maschinenpistolen. Dabei wurde ein Mönch erschossen sowie 19 andere schwer verletzt. In den Wochen davor hatten Armeeangehörige die Mönche aufgefordert, eine Schutzmauer um das Kloster zu bauen, weil die Sicherheitskräfte abgezogen und Tausende Gefangene aus den Gefängnissen freigelassen worden waren. Am 4. März 2011 wurde die verbotene Liebe eines muslimischen Mädchens zu einem jungen Kopten in Soul, einem Dorf bei Helwan, zum Auslöser für einen Überfall von Islamisten auf eine koptische Kirche. Sie brannten die Kirche nieder und vertrieben 700 koptische Dorfbewohner. Am 7. März 2011, nur drei Tage später kam es zu einem Angriff auf die koptischen Müllsammler, die Zabalin am Fuße des Mokkatam-Gebirges, die gegen die Zerstörung ihrer Kirche demonstrierten. Dabei wurden 14 Personen getötet, 150 Kopten schwer verletzt, ihre Wohnungen und Häuser wurden von Islamisten geplündert und ihre Autos zerstört. Einen Monat später wurde die Kirche mit Einwilligung des Militärrates wieder aufgebaut.

Als die Kopten in der historischen St. Menaskirche im Kairoer Stadtteil Imbaba angeblich eine zum Islam konvertierte Frau gefangen hielten, drangen am 7. Mai 2011 über tausend bewaffnete Islamisten in die Kirche ein, um die Frau zu befreien. Bei heftigen Straßenschlachten wurden 12 Personen, Muslime und Kopten getötet und 230 verletzt. Die Islamisten zündeten auch die in der Nachbarschaft liegende Kirche der Jungfrau Maria an. Das herbeigerufene Militär schritt nicht ein.

Am 10. Mai 2011 demonstrierten mehrere hundert Kopten gegen die zunehmende Gewalt und für eine strengere Überwachung der Salafisten. Am 9. Oktober 2011 versammelten sich Kopten zu einer friedlichen Demonstration, mit der sie ihr Interesse am Aufbau eines neuen, demokratischen Ägypten zeigen wollten. Auf der anderen Seite wollten sie auch für Gerechtigkeit und Freiheit für Minderheiten in Ägypten demonstrieren. Deren Missachtung gehört auch nach der Revolution immer noch zum Alltag der Kopten.

Ein Beispiel hierfür ist ein Zwischenfall in einem kleinen Dorf, Mirinab in der Nähe von Edfu im Süden Ägyptens. Dort wollten die Kopten ihre baufällige Kirche renovieren. Dem widersetzte sich die Mehrheit der muslimischen Dorfbevölkerung. Sie verlangte von den Christen bei der Renovierung der Kirche auf das Anbringen von Kreuzen und Glocken sowie von Kuppeln zu verzichten. Die Imame riefen die Muslime zum Sturm auf das Gotteshaus auf. Als der Gouverneur die gewöhnlich zum Schutz der koptischen Kirchen vorhandenen Sicherheitskräfte abgezogen hatte, stürmten etwa 3000 aufgehetzte Muslime die Kirche und setzten sie in Brand. Liturgische Geräte, Gewänder der Priester sowie heilige Ikonen wurden entwendet oder zerstört. Die anrückende Feuerwehr wurde bei den Löscharbeiten behindert. Anschließend zog der Mob durch das Dorf, stürmte die Häuser von Kopten, plünderten koptische Geschäfte und zündeten Autos an. Die Unruhen griffen daraufhin auf andere Orte wie El-Madmar, Beni Mazar, Fayum und Ismailya über, in denen ebenfalls Kirchen überfallen wurden und Christen mit Slogans wie »Christen, haut ab« oder »Nein zur Kirche« vertrieben wurden.

Als die ägyptischen Medien diese Vorfälle totschwiegen, demonstrierten in den folgenden Nächten tausende Kopten auf dem Masperoplatz in Kairo, dem Sitz des ägyptischen Staatsfernsehens friedlich gegen Unrecht und Willkür. Das Militär, das ursprünglich zum Schutz der Demonstration vorgesehen war, wandte sich nun gegen die Demonstranten und beschimpfte sie als »ungläubige Hundesöhne« und schlug etliche Kopten, die sich zur Wehr setzten, brutal zusammen. Einen koptischen Priester, der bei dem befehlshabenden General Anzeige erstatten wollte, befahl der General umzubringen.

Am 8. Oktober 2011 übergaben die Kopten dem regierenden Militärrat Dokumente, die im Fall des Dorfes Mirinab den Standpunkt der Kopten bestätigten und forderten zugleich den Rücktritt des Gouverneurs von Assuan. Für den folgenden Sonntag, den 9. Oktober kündigte die Maspero-Jugend, eine Bewegung junger Kopten zusammen mit Menschenrechtsorganisationen und liberalen Muslimen eine weitere Demonstration an, die zunächst mit ca. 10.000 Teilnehmern auch friedlich verlief, bis sie von der Cornish, der Niluferstrasse kommend die Auffahrt zur Brücke des 6. Oktobers passieren wollten. Dort wurden sie von fanatischen Muslimen mit Steinen und Molotowcocktails erwartet. Diese waren vorher vom staatlichen Fernsehen zum Schutz der Armee vor einem Angriff der Kopten zu Hilfe gerufen worden. Als die Demonstranten daraufhin versuchten, sich vor dem Mob durch eine Flucht in Richtung Masperoplatz in Sicherheit zu bringen, wurden sie dort bereits vom Militär empfangen und eingekreist. Dieses feuerte wahllos auf Demonstranten und raste mit ihren Panzerwagen in die Demonstrantengruppe. Dabei starben mindestens 35 Kopten, über 320 wurden schwer verletzt. Eine neutrale Berichterstattung über die Vorfälle wurde vom Militär verhindert. Behindert wurde auch die Einlieferung der teilweise lebensgefährlich verletzten Kopten in ein koptisches Krankenhaus durch fanatisierte Muslime. Koptischen Ärzten, die Notoperationen durchführen wollten, wurde der Zutritt zum Krankenhaus verweigert. Nach dem Bericht von Augenzeugen sollen Angehörige des Militärs Tote und Schwerverletzte von der Brücke des 6. Oktobers in den Nil geworfen haben. Seitdem werden ca. 60 Kopten vermisst.

Die koptische Kirche und insbesondere ihr Oberhaupt Schenuda III. ließen sich von den Reaktionen nicht provozieren. In einer für die Märtyrer des 9. Oktobers in der Kairoer Sankt-Markus-Kathedrale zelebrierten Totenmesse forderte der todkranke Papst Schenuda III. alle Kopten auf, drei Tage zu fasten und für die Zukunft ihrer Kirche und Ägypten zu beten. Vierzig Tage nach dem 9. Oktober kam es zu einem Gedenkmarsch für die getöteten Kopten, an dem Zehntausende teilnahmen, die Männer in schwarzen T Shirts, auf denen ein rotes Lebenszeichen, ein Anch-Kreuz und die ägyptische Nationalflagge gedruckt waren. Ein Teil der Männer trug einen symbolischen Sarg auf ihren Schultern, die Frauen waren in pharaonischen Gewändern gekleidet und hielten an Stangen Bilder der Märtyrer hoch.

Als der 17 Jahre alte koptische Schüler Ayman Nabil Labib im oberägyptischen Malawi sich weigerte, seine Kreuztätowierung an seinem Handgelenk zu bedecken, prügelten seine muslimischen Klassenkameraden im Beisein des muslimischen Lehrers solange auf ihn ein, bis er tot war.

Als am 19. Januar 2012 zum Fest der Erscheinung des Herrn in el-Ibrahimya, einem Dorf nördlich von Kairo, eine mit Genehmigung der Behörden errichtete koptische Kirche feierlich eingeweiht werden sollte, drangen mit Knüppeln bewaffnete Salafisten in die Kirche ein und verwüsteten sie. Polizei und Behörden sahen deren Treiben tatenlos zu. An demselben Tag wurden nach den muslimischen Morgengebeten im oberägyptischen El-Rahmaniya in der Nähe von Quena von einer salafistischen Schlägertruppe unter dem Ruf »Allahu akbar« die Häuser von Kopten verwüstet und deren Autos zerstört. Sie hatten den Kopten vorgeworfen, bei den Parlamentswahlen nicht für einen muslimischen Kandidaten gestimmt zu haben, weil ihm vorgeworfen wurde, das Massaker von Nag Hammadi am 6. Januar 2010 angeordnet zu haben. Dabei wurden zwei Kopten verletzt. Ein zweites Attentat richtete sich gegen die Sankt-Matthäus-Kirche in Bahteen.

Auf ein Gerücht hin, ein Christ habe auf seinem Mobiltelefon unerlaubte Fotos einer muslimischen Frau gespeichert, versuchten am 27. Januar 2012 in Kobry el-Sharbat bei Alexandria ca. 3000 bewaffnete Islamisten 62 koptische Familien aus dem Dorf zu vertreiben. Einen koptischen Kaufmann zwangen sie, seine Ware abzugeben, damit sie sie beschlagnahmen und verkaufen konnten. Am 19. Februar 2012 überfielen Islamisten in Meet Bashar nordöstlich von Kairo auf die Nachricht hin, Kopten hielten ein koptisches Mädchen versteckt, dessen Vater wenige Tage zuvor nach massivem Druck zum Islam konvertiert war. Die Islamisten besetzten die koptische Kirche sowie das Haus des Priesters und zerstörten danach Wohnungen und Autos koptischer Christen. Die Nachricht stellte sich schon bald als falsch heraus, nachdem das Mädchen bei Verwandten gefunden wurde.

In El Nahda wurden acht koptische Familien von Salafisten aufgefordert, ihre Häuser zu verlassen, damit die Salafisten sie danach mit Gewinn verkaufen konnten. Als sie sich weigerten, wurden sie von einem islamischen Gericht dazu verurteilt, ihre Häuser zu verlassen.

Aus den Parlamentswahlen am 10. Januar 2012 gingen die islamischen Muslimbrüder mit 47,2 Prozent der Stimmen als stärkste Fraktion hervor, die radikalislamischen Salafisten erreichten 24,6 Prozent. Von den gewählten Abgeordneten im ägyptischen Parlament waren nur 1 Prozent Christen, obwohl die Kopten ca. 10 Prozent der Bevölkerung ausmachen. Am 15. Juni 2012 erklärte das ägyptische Verfassungsgericht die Parlamentswahlen für ungültig. Zwei Tage später siegte bei den Präsidentschaftswahlen mit Muhamad Mursi, der Kandidat der islamistischen Muslimbrüder.

Im September 2012 wurde das islamfeindliche Schmähvideo »Unschuld der Muslime« im Internet veröffentlicht. Hinter diesem Machwerk steckten in den Vereinigten Staaten lebende ägyptische Kopten. Hierdurch wurden die Kopten in Ägypten schnell zur Zielscheibe islamischer Scharfmacher. So wurde unter anderem Mitte September der junge Kopte Alber Saber festgenommen und wegen Blasphemie und religiöser Verachtung des Islam und Christentum sowie wegen Beleidigung des Propheten angeklagt. Am 17. März 2012 starb Papst Schenuda III. nach langer Krankheit und wurde im St. Bishoy-Kloster im Wadi Natrun beigesetzt.

Im gleichen Monat verurteilte ein Gericht in Edfou den koptischen Priester Makarios Bolous zu 6 Monaten Haft und einer Geldbuße von 300 ägyptischen Pfund. Ihm wurde vorgeworfen gegen ein Gesetz über die Höhe von Kirchenbauten verstoßen zu haben. Daraufhin setzten Muslime die koptische Kirche in Elmarinab in Brand, weil der Glockenturm höher war als das Minarett ihrer Moschee.

Im Juni 2012 hinderten Islamisten christliche Pilger daran, die Wallfahrtskirche in El-Basraa zu betreten. Sie drohten damit, die Kirche niederzubrennen.

Im Juli 2012 versengte in Dahchour in der Nähe von Kairo ein koptischer Wäschereibesitzer aus Versehen das Hemd eines muslimischen Kunden. Daraufhin rotteten sich Muslime zusammen, um das Geschäft des Kopten, eine Kirche sowie Häuser von Kopten zu plündern und zu verwüsten. Dabei wurden 16 Kopten verletzt und 120 koptische Familien aus dem Dorf vertrieben. Im September 2012 wurde eine Lehrerin zu 6 Jahren Haft verurteilt, weil sie im Internet gegen den Islam gelästert haben soll. Eine weitere Lehrerin wurde in einem Dorf in der Nähe von Asiut gefangen genommen, weil einer ihrer muslimischen Schüler sie der Blasphemie beschuldigt hatte. Ebenfalls der Blasphemie beschuldigt wurden zwei 9 bzw.

10 Jahre alte koptische Kinder, nachdem sie einige Seiten mit Versen aus dem Koran aus einem Buch herausgerissen hatten.

Im November 2012 wurde Tawadros II. zum Nachfolger Schenudas III. gewählt. Tawadros wurde am 4. November 1952 als Wagih Sobhy Baky Soliman in Mansura im Nildelta geboren. Sein Vater war ein Bewässerungsingenieur. Während seiner Kindheit zog seine Familie von Mansura nach Sohag und von dort nach Damanhour. Er studierte in Alexandria Pharmazie und arbeitete nach seinem Abschluss als Geschäftsführer der Staatlichen Pharmazeutischen Werke Damanhour. 1986 trat er ins Kloster ein. 1988 wurde er zum Mönch, 1989 zum Priester und am 15. Juni 1997 zum Bischof geweiht. Danach war er an der Seite des Metropoliten Pachomius als Weihbischof in Beheira tätig. Er kümmerte sich als Mitglied des »Komitees für Kinder« in der Heiligen Koptischen Synode verstärkt um die Kinder, um deren religiöse Erziehung und Bildung. Am 19. November 2012 wurde er als 118. Papst und Patriarch von Alexandria inthronisiert. Tawadros II. gilt als ein aufgeschlossener Geistlicher, der sich eine offene Gesellschaft und ein friedliches Nebeneinander von Muslimen und Christen wünscht.

Auch im Jahr 2013 kam es zu gewaltsamen Auseinandersetzungen zwischen Kopten und Muslimen. So wurden am 5. April bei einer religiös motivierten Schießerei in der nördlich von Kairo gelegenen Gemeinde Khusus vier Kopten und ein Muslim getötet. Auslöser des Streits sollen Hakenkreuzschmierereien von Kindern an einem muslimischen Institut gewesen sein. Bei der am Sonntag, den 7. April in der Sankt-Markus-Kathedrale für sie stattfindenden Trauerfeier kam es am Sitz des Patriarchen Tawadros II. erneut zu Auseinandersetzungen mit gewaltbereiten Islamisten, bei denen wiederum zwei

Kopten getötet wurden. Die zum Schutz der Kathedrale abkommandierte Polizei beschoss dabei das Gotteshaus mit Tränengas. Hinter der Polizei in Deckung gegangene Islamisten warfen daraufhin mit Steinen, Flaschen und Brandbomben auf die Christen. Papst Tawadros II. bezeichnete die Vorfälle als unverhohlenen, in der zweitausendjährigen Geschichte Ägyptens beispiellosen Angriff auf das Nationalsymbol der Kirche Ägyptens. Dem ägyptischen Präsidenten Mursi, der bei seinem Amtsantritt im Sommer 2012 noch zugesichert hatte, die Kopten zu schützen, warf der Patriarch vor, der mangelnde Schutz der Kathedrale zeuge von seiner schlechten Einschätzung der Ereignisse. Die islamische Regierungspartei distanzierte sich zwar sofort von dieser Gewalt zwischen den Konfessionen. Präsident Mursi rief den koptischen Papst Tawadros II. persönlich an und versicherte ihm, er halte jede Aggression gegen die Kathedrale für einen persönlichen Angriff gegen sich selbst. Die Kopten empfanden die Worte Mursis jedoch als Hohn. Am 9. April 2013 protestierten in Kairo Hunderte Muslime und Christen gemeinsam gegen die Angriffe.

Am 17. Mai 2013 wurde die Marienkirche im Bezirk Dakhela, westlich von Alexandria von ca. 20.000 Moslems angegriffen. Das Eingangsportal der Kirche wurde in Brand gesetzt und die Kirchenfenster eingeworfen. Hunderte von Kopten bildeten einen menschlichen Schutzschild um ihre Kirche. Augenzeugen berichteten, dass bewaffnete Islamisten auf die Kopten schossen und mehrere verletzten. Am gleichen Tag wurde ein Brandanschlag auf eine Kirche im oberägyptischen Menbal verübt. Im Hinblick auf den Jahrestag der Präsidentschaft Mursis am 2. Juli 2013 kam es zu massiven Protesten der Opposition gegen Mursi. Sie versammelten sich wiederum zu Hunderttausenden auf dem Tahir-Platz in Kairo und stimmten mit den Füßen gegen Mursi und die islamistische Regierung ab. Es handelte sich um eine

Volksabstimmung gegen den demokratisch gewählten Präsidenten. Diesmal stellte sich das Militär hinter das protestierende Volk. Am 2. Juli 2013 zum Jahrestag der Präsidentschaft Mursis verkündete der Verteidigungsminister die Absetzung Mursis. Er versprach die Einrichtung einer Übergangsregierung bis zu Neuwahlen. Bei der Verkündigung der Machtübernahme des Militärs, die durch das Fernsehen übertragen wurde, saß der koptische Papst Tawadros II. neben dem höchsten muslimischen Würdenträger, dem Großscheich der Al-Azhar-Universität.

Zum Übergangspräsidenten bis zu Neuwahlen wurde der Präsident des Verfassungsgerichts Ali Mansur bestimmt. Mansur kündigte die Überarbeitung der stark islamistisch geprägten Verfassung sowie eine rasche Neuwahl von Präsident und Parlament an. Zunächst wurden eine Technokraten-Regierung sowie ein Rat zur nationalen Aussöhnung mit dem Friedensnobelpreisträger El Baradei als Vizepräsidenten eingesetzt. Mursi wurde im Verteidigungsministerium gefangen gesetzt. Führer der Muslimbruderschaft wurden zunächst festgenommen. Der Übergangspräsident Mansur streckte den Muslimbrüdern die Hand zur Versöhnung aus, indem er verkündete: Die Muslimbrüder sind Teil des ägyptischen Volkes und eingeladen, an der Regierung der Nation mitzuwirken. Daraufhin verweigerten die Muslimbrüder und Salafisten die Zusammenarbeit mit der Übergangsregierung mit dem Argument, sie arbeiteten nicht mit unrechtmäßigen Machthabern zusammen, und riefen zu Protesten auf. Die Mursi-Anhänger sammelten sich in mehreren Protestlagern in Kairo, die sie erst bei einer Wiedereinsetzung Mursis räumen wollten.

Am Morgen des 14. August begannen Sicherheitskräfte aus Polizei und Militär, wie vorher angekündigt zwei Protestlager der Mursi-Anhänger in Kairo, Nasser City und an der Universität zu räumen. Bei Zusammenstößen zwischen Sicherheitskräften und Mursi-Anhängern wurden dabei nach offiziellen Angaben des Gesundheitsministeriums 149 Menschen getötet und Hunderte verletzt. Nach Angaben der Muslimbrüder sollen mehr als 2200 Personen getötet worden sein.

Daraufhin verhängte die Übergangsregierung für einen Monat den Ausnahmezustand. Übergangspräsident Ali Mansur beauftragte die Sicherheitskräfte, alle notwendigen Maßnahmen zu ergreifen, um Sicherheit und Ordnung zu wahren und öffentliches und privates Eigentum sowie das Leben der Bürger zu schützen. Über Kairo sowie über elf der 27 Provinzen Ägyptens wurde eine nächtliche Ausgangssperre zwischen 21 und 6 Uhr verhängt.

Aus Protest gegen die Gewalt in Ägypten reichte der Vizepräsident Mohamed El Baradei seinen Rücktritt ein, weil er nicht länger die Verantwortung für Entscheidungen übernehmen könne, mit denen er nicht einverstanden sei. Mursi-Anhänger griffen als Reaktion auf die Zwangsräumung ihrer Protestlager auch christliche Einrichtungen an, so die anglikanische und katholische Kirche in Suez sowie koptische Kirchen in Minya und Sohag. In Avanub in der Provinz Assiut wurde eine koptische Kirche niedergebrannt. Insgesamt sollen am 14. und 15. August insgesamt 60 Kirchen oder andere Einrichtungen der Kopten von gewaltbereiten Islamisten angegriffen worden sein.

Führer der Muslimbrüderschaft hatten dazu aufgerufen, weil die Kopten die Absetzung Mursis unterstützt hätten. In einem Beitrag der Tagesschau zur Lage der koptischen Christen in Ägypten am 18. August sagte der ARD-Korrespondent in Kairo, Alexander Stenzel: »In der Regierungszeit von Präsident Mursi wurden die koptischen Christen in Ägypten zu Bürgern zweiter Klasse degradiert. Weil sie die Entmachtung der Muslimbrüder unterstützen, werden sie nun von deren Anhängern angegriffen.«

Auch in der Zeit nach der Absetzung Mursis gingen die Angriffe auf koptische Christen unvermindert weiter. Im Juli 2013 wurden in El-Arich auf dem Sinai ein koptischer Priester, Pater Mina Aboud Charouine sowie ein koptischer Laie und in der Provinz Luxor vier weitere Kopten ermordet. In Port Said wurde die Kirche Sankt Menas beschossen, in Marsah Matrouh warfen Islamisten Molotowcocktails gegen die koptische Marienkirche. In Nagaa Hassan bei Luxor wurden vier Christen ermordet, der koptische Kaufmann Sheikh Zowayde auf dem Sinai geköpft. In Dabayya griffen Islamisten ein christliches Dorf an und töteten dabei vier Menschen und brannten 23 Häuser nieder. Im oberägyptischen Sohag hissten Islamisten auf dem Dach der Sankt-Georg-Kirche die Flagge von Al-Qaida. In Asyut marschierten ca. 10.000 Islamisten durch das christliche Stadtviertel und schrien »Tawadros, der neue koptische Papst ist ein Hund«. Dazu malten sie Kreuze an die Geschäfte christlicher Kopten. Der Name des neuen Papstes fand sich in einer Moschee in Kairo mit Namen von Leuten, die getötet werden sollten. Zugleich stellte die islamische Organisation Oeuvre d´Orient eine Liste mit christlichen Gebäuden auf, die vom 14. August bis 10. September 2013 geplündert oder niedergebrannt werden sollten. Dazu wurden 85 Geschäfte, 16 Apotheken, drei Hotels, 75 Busse und Autos verwüstet, geplündert oder niedergebrannt. Die Angriffe auf koptische Christen durch Islamisten setzten sich auch 2014 fort. So wurde im Februar 2014 ein 15 Jahre altes koptisches Mädchen von einem Muslim entführt, als es in der Sankt-Georg-Kirche in Luxor eine christliche Messe besuchen wollte.

Ende März 2014 wurde in Kairo die Koptin Mary Sameh George auf offener Straße ermordet, weil in ihrem Wagen ein Kreuz hing. Das Opfer war unterwegs, weil sie älteren Menschen Essen und Medikamente bringen wollte. Eine neue Dimension erreichten die Angriffe auf Kopten im Oktober 2014 dadurch, dass Unbekannte in Deutschland, weitab von ihrem eigentlichen Operationsfeld einen Brandanschlag gegen die koptische Kirche in Berlin verübten.

Am frühen Morgen des 4. Oktobers hatten Unbekannte eine Mülltonne vor den Eingang der koptischen Kirche Sankt Antonius in Berlin-Lichtenberg geschoben und angezündet. Das Feuer griff von dort auf die große Eichentüre der Kirche über. Der rasch alarmierten Berliner Feuerwehr gelang es, ein Ausbreiten des Brandes und damit einen größeren Schaden zu verhindern. Zur Tatzeit hielt sich ein Messdiener in der Kirche auf, der dort betete und übernachtete. Der koptische Generalbischof in Deutschland, Anba Damian vermutet religiöse Gründe hinter diesem Anschlag. »Diese Art von Angriffen erleben wir in Ägypten sehr häufig. Dass es dazu nun auch in Deutschland gekommen ist, ist für uns eine neue schockierende Erfahrung. Wir sind fassungslos.« Es werden hinter diesem Anschlag radikale Muslime vermutet. Schon vorher ist der örtliche koptische Geistliche von arabisch sprechenden Personen eines nahegelegenen Asylantenheimes wegen seines Glaubens beleidigt worden. Dazu gab es vier Einbrüche in die Kirche, bei denen unter anderem sakrale Gegenstände sowie Regenwasserrinnen aus Kupfer gestohlen wurden. Der Vorsitzende der CDU/CSU-Bundestagsfraktion, Volker Kauder erklärte bei einem Besuch des Tatortes: »Angriffe auf Gotteshäuser sind immer ein schwerer Anschlag gegen die Religionsfreiheit insgesamt. Sie müssen uns alarmieren, egal welche Religion betroffen ist.« Der regierende Bürgermeister Klaus Wowereit (SPD) bezeichnete die Tat als ein Verbrechen gegen das friedliche Zusammenleben aller Berlinerinnen und Berliner, unabhängig von ihrem religiösen Bekenntnis.

24. Die heutige Situation

Die Lage in Ägypten in den Tagen nach der Zwangsräumung der Protestlager der Muslimbrüder am 14. August 2013 war chaotisch. Durch die ägyptische Bevölkerung und Gesellschaft ging ein tiefer Riss zwischen den Anhängern Mursis, den Muslimbrüdern und Salafisten und ihren Sympathisanten, die sich immer wieder darauf beriefen, dass mit Mursi ein demokratisch gewählter Präsident durch das Militär abgesetzt und entmachtet wurde, und denen, die sich um die Früchte ihrer Revolution gebracht sahen und die in der Absetzung Mursis den einzigen Ausweg sahen, die Revolution von 2011 zu retten. Hierzu gehören vor allem Bildungsbürger, junge Intellektuelle, liberale und gemäßigte Muslime und die Kopten, sowie andere Minderheiten. Ägypten steht seitdem am Rande eines Bürgerkrieges.

Dabei hat sich vor allem die Sicherheitslage für die christliche Minderheit weiter verschlechtert. Sie war schon unter der Präsidentschaft Mursis und der Herrschaft der Muslimbrüder schlechter als unter dem alten Mubarakregime. Der Regierung der Muslimbrüder und Präsident Mursi war es weder gelungen, die Sicherheitslage noch die Wirtschaftslage und die Versorgung der Bevölkerung mit lebensnotwendigen Gütern in den Griff zu bekommen. Dies führte letztlich zum Sturz Mursis und der Muslimbrüder und zu dem erneuten Chaos. Ein Ausweg ist derzeit nicht erkennbar. Die explosive Lage wird dabei noch verschärft durch die unschlüssige und wankelmütige Haltung Amerikas und Europas. Vor allem im Alltagsleben machte sich unter der Präsidentschaft Mursis die fortschreitende Islamisierung bemerkbar. Rechtlich sind Christen seit längerer Zeit benachteiligt. Sie sind Bürger zweiter Klasse. Ihnen sind höhere Posten in der Armee und dem Staatsdienst sowie an der Universität und bei den Sicherheitskräften grundsätzlich verwehrt. Dadurch, dass in Ägypten die Religionszugehörigkeit im Pass vermerkt ist, kommt es im Alltag zu häufigen Diskriminierungen. Die christlichen Minderheiten wurden zeitweise geduldet und sie mussten nicht zum Islam konvertieren. Sie unterlagen jederzeit jedoch in ihrer Religionsausübung vielen Beschränkungen. Dies galt sowohl für die Zeit unter Mubarak als auch unter der Präsidentschaft Mursis.

Grundsätzlich steckt der ägyptische Staat den Rahmen ihrer religiösen Bewegungsfreiheit ab und kontrolliert dessen Einhaltung. Kommt es zu Übergriffen oder Ausschreitungen gegen Christen, so werden diese zwar weder durch den Koran noch vom Gesetz befürwortet. Andererseits führt die zahlenmäßige Überlegenheit der Muslime dazu, dass gegen Rechtsverletzungen gegen die christliche Minderheit nicht immer mit aller zur Verfügung stehenden staatlichen Härte vorgegangen wird. Christliche Geschäftsleute wurden zu Schutzgeldzahlungen gezwungen, vertrieben oder getötet. Ein koptischer Priester wurde wegen angeblicher Verletzung einer Bauvorschrift zu einer Geld- und Haftstrafe verurteilt, ein Lehrer zu einer Freiheitsstrafe von sechs Jahren, weil er das Verschleierungsverbot für christliche Mädchen nicht durchgesetzt hatte.

Von den muslimischen Frauen werden im Alltag verstärkt der islamische Schleier, von den jungen Männern Bärte getragen. Vom Staat wird das Kirchenleben der Kopten kontrolliert. Geistliche wurden verpflichtet, das Innenministerium über ihre Arbeit zu informieren. Kontakte zu ausländischen Kirchen oder religiösen Organisationen müssen genehmigt werden. Jede Art von Missionierung, auch Gespräche von Priestern mit Muslimen werden schwer bestraft. Ausländische Hilfsorganisationen wie z. B. politische Stiftungen wie die Konrad-Adenauer-Stiftung wurden bespitzelt und vor Gericht angeklagt. Kopten dürfen keine eigene politische Partei gründen. Im ägyptischen Parlament waren nur 5 Kopten vertreten. Viele Strafverfahren gegen Muslime wurden nur halbherzig betrieben oder verliefen im Sande. Viele muslimische Straftäter wurden ohne Prozess wieder auf freien Fuß gesetzt. Dies machte sich vor allem der islamische Extremismus zunutze.

Generell wird von Islamisten und Salafisten alles Westlich-Christliche als verdorben, verfälscht und zerstörerisch dargestellt, dessen man sich erwehren müsse. Hassprediger halten in Moscheen und im Internet Hetzreden gegen Ungläubige, gegen den Westen, das Christentum und die zionistische Verschwörung, deren Ziel es sein soll, den Islam zu zerstören. Sie rufen gegen diese zum Dschihad, zum heiligen Krieg auf. Auf der anderen Seite ermahnen viele gemäßigte Muslime, Prediger und Theologen ihre Glaubensbrüder zu Mäßigung und zu Frieden gegenüber Andersgläubigen.

An dieser Lage, in der sich die ägyptischen Christen befinden, trägt der Westen, insbesondere Amerika und Westeuropa, durch seine ambivalente Haltung eine gehörige Mitschuld. Dies gilt nicht nur für die Regierungen, sondern auch für die westlichen Medien. Die westliche Berichterstattung über die Übergriffe auf koptische Christen war bislang überwiegend durch eine kritiklose Übernahme der Darstellungen in den ägyptischen und arabischen Medien gekennzeichnet. Dies führte dazu, dass bis zur Revolution im Januar 2011 von einigen westlichen Auslandskorrespondenten das Verhalten der Islamisten schöngeredet und die Mitschuld staatlicher Behörden heruntergespielt wurde. Offiziell werden Christen nicht unterdrückt. Sie wurden nicht daran gehindert, Gottesdienste abzuhalten und zu besuchen. Dennoch wurden viele Christen argwöhnisch vom Geheimdienst überwacht und ihnen vielfach revolutionäre

Kontakte zum Westen unterstellt. Oftmals berichteten ausländische Medien von Konflikten zwischen Moslems und Kopten, ohne damit zum Ausdruck zu bringen, dass die Kräfte- und Machtverhältnisse der beiden Gruppen völlig ungleich gewichtet sind. Aufmerksamkeit erregen Gewalttaten in westlichen Medien nur dann, wenn sie von militanten Extremisten durch Anschläge auf Kirchen und Klöster verübt werden. Im ägyptischen Alltag sind es jedoch häufig nichtige Streitigkeiten um Land, Geld, Ehre und Sexualmoral, die zu Eskalationen im Verhältnis von Muslimen und Kopten führen.

Probleme bereitet dabei vor allem der Neubau von koptischen Kirchen. Nach einem ägyptischen Gesetz zur Regelung der Errichtung von Sakralbauten aus dem Jahre 1856 bedarf der Bau oder Umbau von christlichen Kirchen einer Zustimmung des jeweiligen Herrschers oder Präsidenten. Nach einem weiteren Gesetz aus dem Jahre 1934 ist darüber hinaus die Zustimmung der muslimischen Nachbarn erforderlich. Diese Bestimmung hat in der Vergangenheit häufig Streitigkeiten und Unruhen ausgelöst. Daraufhin hat der ägyptische Staat die gesetzlichen Barrieren beim Bau oder bei der Renovierung von christlichen Kirchen verringert.

Im Mai 2013 wurde erstmals unter dem damaligen Staatspräsident Mursi der Bau einer koptischen Kirche in Nubaria im Norden Ägyptens genehmigt, nachdem die Bearbeitung des Bauantrages 17 Jahre verschleppt worden war. Geblieben sind auch andere Schwierigkeiten. So sind offiziell alle religiösen muslimischen und christlichen Einrichtungen von den Abgaben für Strom, Wasser und Abwasser befreit. Dennoch erhalten die christlichen Kirchen im Unterschied zu den muslimischen Gemeinden von den ägyptischen Kommunen immer wieder Abgabenbescheide. Auch im Alltag werden Kopten häufig diskriminiert, wie z. B. bei der Arbeitssuche. So stellen viele ägyptische Betriebe nur ungern Kopten ein, weil sie

Spannungen mit den muslimischen Kollegen befürchten. Von den bisherigen Regierungen wurde jede Kritik vielfach durch die »Ein-Volk-Rhetorik« unterbunden. Danach sind die Ägypter ein Volk, jeder Ägypter sei gleich und es gäbe keinen Unterschied zwischen Christen und Muslimen, folglich auch keine religiöse Spannungen. Wer etwas Gegenteiliges behaupte, mache sich zum Handlanger ausländischer Interessen, die Ägyptens Stabilität gefährden und das Land schwächen wollten.

Die Muslime vertraten dabei die Ansicht, dass das Christentum gleichsam im Islam enthalten und durch die muslimische Offenbarung obsolet sei. Damit begründeten islamische Politiker vielfach den Führungsanspruch ihrer Religion. Das Christentum behandelten sie dabei allein schon aus traditionellen Gründen vielfach mit Respekt. So betonte auch der ehemalige Präsident Mursi bei jeder Gelegenheit, vor allem im Ausland, die Rechte aller Ägypter zu verteidigen, gleich welcher Religion sie angehörten. Dabei sieht die Realität in Ägypten anders aus, was letztlich auch zum Scheitern von Mursi geführt hat. Ägyptische Politiker argumentierten bislang stets mit der Verfassung Ägyptens aus dem Jahre 1971, die formell die Religionsfreiheit garantiert. Ägypten hat auch die allgemeine Erklärung der Menschenrechtscharta der UNO, insbesondere auch den die Religionsfreiheit betreffenden Artikel 18 unterzeichnet. Dieser Artikel garantiert jedoch auch die Freiheit, seine Religion zu ändern. Dies ist für Muslime nicht möglich, sondern nur für Christen. Muslime, die zum christlichen Glauben konvertieren, werden streng bestraft. Artikel 2 der ägyptischen Verfassung bestimmt, dass die islamische Scharia die Grundlage allen Rechts und der Rechtsprechung in Ägypten ist. Dies führte in der Praxis immer wieder zu Ungleichbehandlungen und Diskriminierungen gegenüber Kopten. So wird vor allem die Bestrafung von muslimischen Mördern vielfach durch eine Bestimmung der Scharia verhindert, wonach ein muslimischer Täter nicht bestraft werden kann, wenn das Opfer ein Christ ist. Weiterhin wird die Aussage eines Nichtmuslims bei Gericht gegen einen Muslim als nicht gültig angesehen. Nach der Scharia ist es einer Muslimin nicht erlaubt, einen Kopten zu heiraten. Nach klassischem islamischem Rechtsverständnis ist die Abkehr vom Islam mit dem Tod zu bestrafen, ein Rechtsempfinden, welches das Denken der muslimischen Ägypter prägt, obwohl diese Strafe bei einem Übertritt zum Christentum noch in keinem Fall verhängt worden ist. Übertritte zum Christentum werden vom ägyptischen Staat entweder mit drastischen Mitteln verhindert und soweit sie dennoch geschehen sind, verschwiegen. Zwar hat das oberste Verwaltungsgericht auf internationalen Druck hin im Jahre 2008 entschieden, dass zum Christentum konvertierte Ägypter das Recht auf neue Ausweispapiere haben, jedoch mit der Auflage, dass die frühere muslimische Glaubenszugehörigkeit in den Papieren zu vermerken sei. Verboten und bestraft werden die christliche Mission und das Verteilen von Bibeln in Ägypten. Ausländische Missionare werden an der Einreise gehindert. Es gibt kein einziges Gesetz zum Schutz der Kopten. Verbrechen an ihnen werden vielfach mit blumigen Worten bagatellisiert. Kopten werden von öffentlichen Ämtern in der Staatsverwaltung, im Militär und an Universitäten ausgeschlossen oder zumindest benachteiligt. Ihre freie Meinungsäußerung in der Öffentlichkeit ist eingeschränkt, sie dürfen keine politischen Parteien gründen und sind nur mit »Alibikopten« im ägyptischen Parlament vertreten. Koptische Frauen werden beschimpft, wenn sie in der Öffentlichkeit kein Kopftuch tragen.

Probleme ergeben sich im Alltag auch dadurch, dass die koptische Kirche eine Scheidung dadurch erschwert, dass sie als Scheidungsgrund allein den Ehebruch anerkennt. Der ägyptische Staat gesteht dem Islam und der koptischen Kirche die Regelung der familienrechtlichen Angelegenheiten zu. Da es in Ägypten keine Zivilehe gibt, können sich Kopten, vom Ehebruch abgesehen, de facto nicht scheiden lassen. Ein Ausweg besteht für den scheidungswilligen Kopten allein darin, dass er zum Islam konvertiert. Sind die Männer Muslime geworden, können sie sich scheiden lassen. Die Scheidungskonversion bildet schon heute den Hauptgrund für einen Übertritt zum Islam. Ein Übertritt des Ehemannes zum Islam hat schwerwiegende Folgen für die christliche Ehefrau und die gemeinsamen Kinder, weil diese mit dem Übertritt des Vaters automatisch ebenfalls Muslime werden und islamisch erzogen werden müssen. Auch das Sorgerecht wird dem konvertierten Vater zuerkannt. Eine Rückkehr zur christlichen Religion ist ihnen versagt.

Heiratet eine Christin einen Muslim, wird sie aus der Kirche ausgeschlossen. Umgekehrt darf eine Muslimin keinen Christen heiraten. Es wäre wichtig, in Ägypten ein bürgerliches Familienrecht einzuführen und dadurch das religiös geprägte Familien- und Eherecht zu entschärfen. Dadurch könnten viele Probleme beseitigt und Streit zwischen Muslimen und Kopten vermieden werden. Bischof Damian, der koptisch-orthodoxe Bischof für Deutschland beschrieb die Lage der koptischen Christen in Ägypten Anfang 2013 wie folgt: »Viele Christen sitzen auf ihrem Reisekoffer und blicken zum Flughafen hin. Wenn sie Mittel und Möglichkeiten hätten, würden sehr viele auswandern. Das ist die einzige Chance zum Leben und zum Überleben. Es ist kein Geheimnis, dass wir Angst haben.«

Inzwischen hat sich mit der Präsidentschaft Al-Sisis die Lage beruhigt, der sich als der von vielen Ägyptern nach den chaotischen Zeiten erhoffte starke Mann erweist. Die Lage bleibt jedoch weiterhin angespannt und instabil. Ein kleiner Funken genügt oft, um eine erneute

Eskalation von Gewalt und Hass zwischen Christen und Muslimen herbeizuführen.

»Für das zukünftige Verhältnis zwischen den Kopten und dem ägyptischen Staat war der Besuch des muslimischen Staatspräsidenten Abdel Fattah al-Sisi der koptischen Weihnachtsliturgie am 7. Januar 2015 in der Kairoer Markus-Kathedrale von immenser Symbolkraft. Der ägyptische Staatspräsident schritt durch den Mittelgang der Kathedrale und umarmte Papst Tawadros II., das Oberhaupt der koptischen Kirche. Es ist zu hoffen, dass diese symbolische Geste eine Verbesserung des Verhältnisses zwischen Kopten und Muslimen im Sinne eines Neubeginns einleitet.«

C. Die Verehrung der Märtyrer und ihre Bedeutung für die koptische Kirche

I. Die Bedeutung des Märtyrers

Das Wort »Märtyrer« bedeutet eigentlich »Zeuge«. In diesem Sinne wird das Wort im Evangelium des Markus (14,63) beim Verhör Jesu bei den Hohepriestern verwendet. Märtyrer sind Blutzeugen, die ihr Leben für ihre religiöse Überzeugung einsetzen und damit den Wert bezeugen, den sie ihrer Überzeugung geben. Auf der anderen Seite wird das Wort als Bezeichnung für Gläubige verwendet, die ihren Glauben bezeugen. In diesem Sinne wird das Wort Märtyrer bei Matthäus (18,16) im Gleichnis vom verlorenen Schaf verwendet.

Mit Beginn der Auseinandersetzung mit der römischen Staatsmacht im 1. Jahrhundert nach Christus hielten sich die meisten Christen an den Rat Jesu: »Ihr werdet stark sein, wenn der Heilige Geist über Euch kommt und ihr werdet Zeugnis für mich ablegen in Jerusalem, in ganz Judäa und Samaria bis ans Ende der Welt« (Acta 1,8). Eusebius schrieb in seiner Kirchengeschichte IV,15 über die Reliquie des ältesten bezeugten Märtyrers, des Heiligen Sankt Polycarp von Smyrna, der in der Mitte des 2. Jahrhunderts den Märtyrertod starb: »Viele von uns wünschten sich sehnlichst, mit dem heiligen Körper verbunden zu sein. Und wir nahmen seine Gebeine, die wertvoller als Edelsteine und Gold für uns sind und bewahrten sie an einem Ort auf, der für sie angemessen war.«[31] Heute befindet sich das älteste Reliquiar der koptischen Kirche im Syrischen Kloster im Wadi Natrun. Dort wurde im

31 Meinardus, O., Coptic Saints and Pilgrims, S. 63.

Jahre 1909 ein Kasten aus Ebenholz gefunden mit den Maßen 149 cm mal 34 cm. Auf der Kiste befinden sich Abbildungen aus Elfenbein von Michael, James, Johannes dem Täufer, Christus als Emanuel, der Heiligen Jungfrau, dem Heiligen Theodor und dem Heiligen Eustathius[32]. Die Kiste ist in das erste Drittel des zehnten Jahrhunderts zu datieren. In dem Reliquienkasten sollen sich die Gebeine zahlreicher Märtyrer wie des Hl. Severus, des Hl. Dioscorus, des Hl. Cyriacus und seiner Mutter Julietta, des Theodorus, des Johannes Colobus, des Moses des Schwarzen und der 40 Märtyrer von Sebastian sowie ein Haarbüschel von Maria Magdalena befunden haben[33].

Außer in Reliquienkästen verwahrten die Kopten die Überreste von Märtyrern in röhrenförmigen Zylindern aus Holz auf, die sie mit wertvoller Seide und Samt umhüllten. In den Klöstern wurden die Überreste in besonderen Schreinen aufbewahrt und waren transportfähig, z. B. für Prozessionen. Für die Kopten waren sie ein lebendiges Zeichen der »ecclesia triumphans«, der siegreichen Kirche, die zur siegreichen wird durch den Eintritt in das ewige Leben, im Unterschied zur »ecclesia militans«, der kämpfenden Kirche auf Erden, die sich täglich gegen ihre Feinde zur Wehr setzen muss.

Heute besitzt fast jede koptische Kirche Reliquien irgendeines Heiligen oder Märtyrers. Es handelt sich im Allgemeinen um ein kleines Stück Knochen von den Gebeinen oder ein Textil des Heiligen. Nach dem Glauben der Kopten blieb der Körper eines Heiligen als »corpus incorruptum« unversehrt, ein Glauben, den sie von den westlichen oder byzantinischen Kirchen übernommen haben. Diese bewahren viele Reliquien in gläsernen Sarkophagen auf[34]. Bei der Märtyrerverehrung in der koptischen Kirche finden sich viele Bräuche aus

32 Meinardus, O., a.a.O., S. 64.

33 Meinardus, O., a.a.O., S. 64.

34 Meinardus, O., Coptic Saints and Pilgrims, S. 65.

dem ägyptisch-hellenistischen Totenkult wieder. So finden sich im Märtyrerkult für den altägyptischen Totenkult im Wesentlichen vor allem die Charakteristika der Mumifizierung und der Versorgung des Toten wieder. In ihnen spiegelt sich der Wunsch der Ägypter nach einer Verewigung des Lebens und damit einer Negation des Todes sowie der Furcht vor einer Schädigung des jenseitigen Lebens wieder, die den zweiten, endgültigen Tod bedeuten würde[35]. Eine ehrenvolle rituelle Bestattung war nach altägyptischem Glauben die Gewähr für die Erlangung des ewigen Lebens. Das frühe ägyptische Christentum hatte einen gnostisierenden Charakter. Darauf deuten berühmte als Gnostiker geltende Ägypter wie Clemens von Alexandria oder Origenes hin. Manche auf nichtchristlichem Boden gewachsene Vorstellungen sind auf dem Weg über den Gnostizismus in das Christentum eingedrungen. Außerdem wurden von den Meliatanern, die nach der Beendigung der Christenverfolgung sich um Meletius von Lykopolis in Gegnerschaft zum Bischof von Alexandria versammelt hatten und sich als »Kirche der Märtyrer« bezeichneten, bewusst volkstümliche heidnische Bräuche und Vorstellung in ihre Rituale aufgenommen, um sich von der offiziellen koptischen Kirche abzugrenzen[36]. Übernommen haben die koptischen Christen von den alten Ägyptern vor allem die Mumifizierung der Toten, weil allein sie die Intaktheit des Leibes und damit Auferstehung der Toten garantierte.

Während anfänglich das koptischen Synaxarium als historisch echt und damit als historische Grundlage für die Christenverfolgungen in Ägypten angesehen wurde[37] (so noch von Amelineau 1890 in: Les actes des martyrs de l'Église Copte. Etude critique), wird deren Historizität

35 Baumeister, a. a. O., S. 74.

36 Baumeister, a. a. O., S. 78.

37 Baumeister, a. a. O., S. 28.

heute verneint. Nach herrschender Auffassung haben die koptischen Märtyrerlegenden einen eigenen Charakter, die sich vor allem durch blutige Szenen und den Missbrauch des Wunderbaren auszeichnen. Sie neigen zu Übertreibungen bis hin zur Grenze des Absurden[38]. Diese Übertreibungen haben ihren Grund in der Vorstellungswelt der Kopten und ihrer Vorstellung von der Ganzheit des Menschen über den Tod hinaus, der es erforderlich macht, den verletzten Märtyrer wieder herzustellen.

Die Märtyrerlegenden lassen den Tod des Märtyrers nicht als ein Scheitern, sondern als Sieg erscheinen[39]. Der bis auf die letzte Tötungshandlung unverletzt bewahrte Märtyrer wird zum Sinnbild der Erlösung durch Wiederherstellung des Leibes und knüpft damit an altägyptische Totenbräuche an, in denen die Integrität des Leibes, insbesondere auch durch Mumifizierung, im Vordergrund steht. Von Beginn an galt jeder Christ als ein Zeuge, als eine Person, die das, was Christus war, persönlich erfahren hatte und aus seiner »Erste-Hand-Erfahrung« berichten konnte.

Zeugnis ablegen für Christus war für jeden Christen der sicherste Weg, das ewige Leben zu erlangen. In Ägypten hatte der Märtyrerkult schon immer einen besonderen, herausragenden Platz in der koptischen Kirchengeschichte. Die mittelalterlichen koptischen Synaxaria listen 184 Märtyrer auf und 63 asketische Mönche. Die Märtyrer nahmen unendliche Schmerzen und Torturen für ihren Glauben in Kauf Sie orientierten sich dabei an dem Schicksal des Heiligen Markus, des ersten koptischen Märtyrers, der Zeugnis abgelegt hat gegen die polytheistischen römischen Traditionen und gegen die Göttlichkeit des römischen Kaisers und deshalb vom alexandrinischen Pöbel zu Tode geschleift wurde.

---

38 Baumeister, a. a. O., S. 28.
39 Baumeister, a. a. O., S. 11.

II. Das koptische Synaxarium und die koptischen Märtyrerlegenden

Das koptische Synaxarium ist eine Sammlung von Lebensbeschreibungen von koptischen Heiligen und Märtyrern. Sie werden im Gottesdienst an den Festtagen der Heiligen und Märtyrer vorgelesen. Eine zusammenfassende Darstellung der Berichte über die koptischen Märtyrer enthält die Kirchgeschichte des Eusebius[40]. Dabei sind nicht alle koptischen Märtyrerlegenden erhalten geblieben, sondern nur ein kleiner Teil. Von den erhaltenen Märtyrerlegenden sind auch nicht alle erhaltenen Texte ediert[41].

Die Märtyrerlegenden beschreiben niemals konkrete Ereignisse, sondern handeln nur von der Zeit und allgemein von Ereignissen dieser Zeit, in der der Verfasser lebte. Im Einzelfall geben die Legenden Anhaltspunkte über geographische Gegebenheiten oder über die damalige Verwaltungsstruktur. Es finden sich aber auch historische Namen, z. B. von Christenverfolgern wie Arianus, der zur Zeit der Christenverfolgungen Kommandant der Thebais war, aber auch von einzelnen Opfern des Martyriums, die sich literarisch in der Form der Legende verstecken. Vor allem sind die Legenden jedoch Dokumente, die uns Auskunft geben über den christlichen Kult und die Religiosität der Anhänger der Kopten[42].

Typisch für die koptischen Märtyrerlegenden sind immer wiederkehrende Szenen von der Rettung, Heilung und Neuschöpfung der Märtyrer. Diese entsprechen der Toten- und Märtyrerverehrung des altägyptischen Glaubens und der Furcht vor dem Tod und der Verwesung, denen die Ägypter die Mumifizierung, Riten und die Totenbuchliteratur entgegensetzten. Diese waren Gegenmittel, welche

40 Vgl. Baumeister, a. a. O., S. 87; Delehaye, MartEg.

41 Baumeister, a. a. O., S. 87.

42 Baumeister, a. a. O., S. 172.

die Ganzheit des Toten und damit sein Weiterleben im Jenseits garantieren sollten. Dieses altägyptische Gedankengut lebte bei den Kopten weiter. Auch für sie garantierte die Konservierung des Leichnams dessen Auferstehung.

Überliefert sind uns die Geschichten der koptischen Märtyrer vor allem aus der Kirchengeschichte des Eusebius sowie aus den Kalendern und Passionen der koptischen Kirche[43]. Die Märtyrerlegenden waren Werke von besonders geschulten und ausgebildeten Legendenschreibern.

Die ägyptischen Märtyrerlegenden unterliegen einem bestimmten Schema, einem gleichbleibenden Rahmen. Sie beginnen in der Regel mit einer Vorgeschichte, die die Umgebung, die Topographie, d. h. Orte, an denen der Märtyrer gelebt und gewirkt hat, und die Familie des Märtyrers beschreibt[44]. Sie soll den Märtyrer ehren, ihm Individualität verleihen und ihn mit einem bestimmten Ort in Verbindung bringen. Seine Eltern werden in der Regel als fromm und gottesfürchtig beschrieben. Nach der Vorgeschichte folgen eine Eingangsvision und die Selbstanzeige des Märtyrers. Während die Vorgeschichte ihrem Inhalt nach offen für neue Einfälle ist, wird die Passion innerhalb der Märtyrerlegende nach einem festen Schema aus Martyrium, Rettungsszenen und Tod verfasst[45]. Sie beginnt mit der Aufforderung eines Engels an den Märtyrer, sich dem römischen Gouverneur zu stellen. Darauf folgen das Glaubensbekenntnis, heftige Wechselreden und eine Reihe von grausamen Martern. Am Anfang stand das Verhör, in dem der Angeklagte die Rolle des Anklägers übernimmt. Es folgen Marter, furchtbare Grausamkeiten, die einzig das Ziel verfolgten, den Widerstand des Angeklagten zu brechen und ihn zu einer Abkehr von seinem christlichen Glauben zu bringen oder ihn zu zerstören.

43 Baumeister, a. a. O., S. 87.
44 Baumeister, a. a. O., S. 92.
45 Baumeister, a. a. O., S. 95.

Obligatorisch ist der Gefängnisaufenthalt mit Wundern und Visionen. Viele Zuschauer und Beteiligte bekehren sich und werden sogleich enthauptet. Häufig wird der Märtyrer von einem Gouverneur zum anderen gebracht, was sein Martyrium verlängert, bis schließlich der Richter das Todesurteil spricht, zumeist Enthauptung mit dem Schwert, und das Urteil vollstreckt wird. Die Grundbausteine der Märtyrerlegenden sind Wiederherstellungs-, Rettungs- und Erweckungsszenen, bei denen das Hauptgewicht auf den Rettungen und Heilungen liegt. Seltener sind Erweckungen vom Tod. Zum Bestandteil der Legenden gehören auch Heilungswunder durch den Märtyrer, Bekehrungen und Martyrium von Zuschauern und anderen Beteiligten und Gefängnisaufenthalte mit Visionen, Verheißungen oder Wundern. Diese wirken teilweise grotesk durch die Einfügung von Magiern und monströsen Scheinopfern.

Die Folterungen hatten weniger den Zweck, den Märtyrer zu bestimmten Aussagen und Handlungen zu veranlassen, sondern mehr die Macht und Stärke der heidnischen Götter zu demonstrieren[46]. Von diesen Martern und Leiden wird der Märtyrer von biblischen Protagonisten wie Noah, Abraham oder Isaak, von Engeln, zumeist von Erzengeln wie Michael, Raphael oder Gabriel bzw. von Christus selbst behütet, geheilt oder wieder zum Leben erweckt wird. Diese Rettungsszenen, in denen der Märtyrer vor Feuer, Wasser oder wilden Tieren bewahrt wird, stellen Manifestationen der göttlichen Macht in der Erweckung und Neuschöpfung und damit eine Fortsetzung der biblischen Heilsgeschichte dar[47].

Die einzelnen Rettungsszenen werden dabei konkret beschrieben. Die Retter berühren den Körper des Märtyrers, fügen seine Glieder zusammen und stecken die he-

46 Baumeister, a. a. O., S. 146.
47 Baumeister, a. a. O., S. 146.

rausgefallenen Eingeweide zurück in den Leib. Begleitet werden die Rettungsszenen zumeist von Donner, Blitzen, Erdbeben und einer Verdunkelung der Sonne. Danach zeigt sich der Erfolg des göttlichen Eingreifens, indem die Zuschauer und Zeugen der Folterungen den Gott des Märtyrers anerkennen und sich bekehren. Unter den Neubekehrten befinden sich Soldaten, Henker oder einfache Zuschauer. Geschildert wird in diesen Szenen der Kampf zwischen Zerstörung und siegender Erlösung. Schließlich erfolgt der Schlusspunkt des Martyriums und zugleich die Erlösung des Märtyrers, das Todesurteil und die anschließende Hinrichtung, zumeist durch das Schwert. Den Abschluss bildet die Bestattung des Märtyrers. Damit wurde der Märtyrer zu einem neuen Leben in Vollkommenheit und Ganzheit wiedererweckt. In der Regel wird der Kampf lokalisiert durch den Ort, an den der Körper des Märtyrers nach seiner Hinrichtung gelangt, und begründet dort für die Zukunft einen Wallfahrtsort, an dem ein Kult zu Ehren des Märtyrers entsteht.

III. Einzelne Märtyrer

Das koptische Synaxarium beschreibt beispielhaft für die koptischen Märtyrerlegenden typische Geschichten als Einzelschicksale[48].

1. Sophia

Sophia stammte aus Memphis und starb in der Zeit des 7. koptisches Papstes Eumenios (129-151) den Märtyrertod. Nach ihr ist die »Hagia Sophia« in Konstantinopel

48 Baumeister, a. a. O., S. 96; Lives of Saints, in: Coptic Orthodox Church Network.

benannt, in die ihr Leichnam überführt wurde. Daneben gab es die Heilige Sophia von Rom, eine christliche Märtyrerin des 3. Jahrhunderts, die um 304 während der Diokletianischen Christenverfolgung das Martyrium erlitt. Sie wurde auf dem Friedhof des Heiligen Gordianus und Epimachos bestattet.

2. *Damiana*

Die Heilige Damiana war die Tochter eines Christen mit Namen Markus, der Statthalter in zwei ägyptischen Distrikten war. Damiana wurde schon früh wegen ihrer Schönheit und ihres guten Charakters gerühmt. Als Damiana ein Jahr alt war, nahm ihr Vater sie mit zur Kirche, um Opfergaben darzubringen. Er bat den Herrn, seine Tochter zu behüten. Als sie 15 Jahre alt war, wollte ihr Vater, dass sie heirate. Als der Vater für sie einen Ehemann gefunden hatte, weigerte sich Damiana, diesen zu heiraten, weil sie ein Gelübde abgelegt hatte, ihr Leben Jesus Christus zu widmen, denn sie war ob dieses Gelübdes ausschließlich die Braut Jesu Christi. Als der Vater damit einverstanden war, bat sie ihn, für sich einen Palast zu bauen. In diesem wollte sie mit 40 Freundinnen als Nonnen leben und ausschließlich den Herrn anbeten.

Als der römische Kaiser Diokletian Damianas Vater aufforderte, vor den Gottheiten Apollo und Artemis niederzuknien und sie anzubeten, weigerte er sich zunächst. Dann ließ er sich jedoch überreden wegen des Versprechens, ihm eine höhere Position im römischen Reich zu geben. Als Damiana hiervon hörte, suchte sie sofort ihren Vater auf und machte ihm schwere Vorwürfe wegen des Verrates an Jesus Christus. »Wie konntest du deinen Gott verleugnen, der dich aus dem Nichts schuf und dir seine Liebe am Kreuz erwies? Es ist besser, den Märtyrertod zu erleiden, als die Götzen zu verehren und Christus zu verleugnen. Als Märtyrer wirst du im Himmel mit Christus weiterleben. Wenn du ihn aber verleumdest, wirst du mit dem Teufel in die Hölle gestürzt.«

Ihr Vater weinte daraufhin bitterlich. Er zeigte Reue und ging sofort zu Diokletian, um sich nunmehr wiederum zu Jesus Christus zu bekennen. Alle Versuche Diokletians, ihn erneut umzustimmen, blieben erfolglos. Diokletian gab deshalb seinen Soldaten den Befehl, ihn zu töten. Als Diokletian davon hörte, dass Damiana ihren Vater zu dieser Sinnesänderung gebracht hatte, schickte er einen Prinzen mit 100 Soldaten und Martergeräten aus, um Damiana und ihre 40 Mitschwestern festzunehmen. Damiana weigerte sich dem Prinzen gegenüber, vor den heidnischen Götterstatuen niederzuknien und nahm auch die darauf erfolgende Folterung klaglos hin. Auch ihre vierzig Mitschwestern wurden so gefoltert. Anschließend wurden sie wieder ins Gefängnis geworfen. Dort erschien ihnen in der Nacht der Erzengel Michael und heilte ihre Wunden. Als der Kommandant sie am nächsten Morgen bei bester Gesundheit vorfand, war er sehr verwirrt. Dies steigerte sich noch, als die Umstehenden sich daraufhin zum Glauben an Jesus Christus bekannten, und er alle Umstehenden daraufhin töten ließ. Dieses wiederholte sich in den nächsten Tagen noch mehrmals. Selbst die schlimmsten Folterungen konnten Damiana und ihren Mitschwestern nichts anhaben. Jedes Mal wurden sie geheilt. Schließlich befahl der Prinz, Damiana und ihre 40 Mitschwestern mit dem Schwert zu enthaupten. Mit ihr starben noch 400 andere, die sich zum Glauben an Jesus Christus bekehrt hatten. Nachdem Konstantin Kaiser geworden war, ging seine Frau Helena zu der Stelle, an der Damiana und ihre Mitschwestern gestorben waren und bestattete sie. Den Leichnam Damianas soll sie auf ein Bett aus Elfenbein gelegt haben, das mit Seide bezogen war. An dieser Stelle ließ der Kaiser Konstantin durch seine Mutter Helena eine Kirche auf den Namen der Heiligen Damiana und der 40 Jungfrauen bauen.

3. Katharina

Katharina von Alexandria wird in der katholischen und in der orthodoxen Kirche als Märtyrerin verehrt. Sie zählt in der katholischen Kirche zu den heiligen 14 Nothelfern und gilt als Helferin bei Leiden der Zunge und bei Sprachschwierigkeiten. Sie soll die Tochter des heidnischen Königs Costus und seiner Frau Sabinella aus Zypern gewesen sein, die von einem Eremiten, der um 300 in Alexandria lebte, zum christlichen Glauben bekehrt worden sein soll.

Zur Zeit der Christenverfolgung in Alexandria durch den Kaiser Maximinus stellte sich Katharina öffentlich gegen den römischen Kaiser und fragte ihn, warum er nicht zum Christentum übertrete, statt von Christen Götzenopfer zu verlangen. Der Kaiser versuchte daraufhin, Katharina in einer öffentlichen Diskussion, zu dem der Kaiser seine 50 besten Philosophen und Gelehrten eingeladen hatte, zu widerlegen. Dieser Versuch schlug jedoch gründlich fehl. Katharina gab bei dieser Diskussion so einleuchtende und gelehrte Argumente für ihren Glauben und das Christentum, dass sich alle 50 Diskussionsteilnehmer auf ihre Seite stellten und sich zum Christentum bekehrten. Alle 50 Gelehrten ließ Maximinus daraufhin auf dem Scheiterhaufen verbrennen.

Der Kaiser war so sehr von Katharina und ihrer Intelligenz und Schlagfertigkeit beeindruckt, dass er versuchte, sie auf seine Seite zu ziehen, indem er sie zur Königin an seiner Seite machen wollte. Als sie dies ablehnte, ließ er sie geißeln und zwölf Tage ohne Nahrung ins Gefängnis werfen. Engel retteten sie jedoch: Sie kamen und salbten ihre Wunden, und eine weiße Taube brachte ihr Essen. Auch Jesus Christus selbst erschien ihr im Gefängnis, um sie in ihrem Glauben zu stärken. Das Folterwerkzeug war das Rad, d. h. vier mit eisernen Sägen und spitzen Nägeln gesäumte Räder, von denen sich zwei nach unten bewegten und zwei entgegensetzt nach oben, mit der Wirkung, dass der Delinquent in Stücken zerrissen wurde. Auf Katharinas Gebet hin kam ein Engel und zerstörte das Folterinstrument so, dass zugleich 4000 Heiden getötet wurden. Schließlich wurde Katharina enthauptet. Aus ihren Wunden floss jedoch Milch statt Blut. Katharina starb im Jahre 307 im Alter von nur 18 Jahren. Nach der Legende soll ihr Leib von Engeln zum Berg Sinai gebracht worden sein. 500 Jahre später wurden ihre Überreste dort gefunden und ihr zu Ehren ein Kloster errichtet. Dort trägt das Sinaikloster am Mosesberg noch heute ihren Namen. Aus ihren Gebeinen soll unaufhörlich ein von den Pilgern für heilkräftig gehaltenes Öl fließen. Attribute ihres Martyriums sind der Palmzweig, das Rad und das Schwert.

4. Barbara
Barbara war die Tochter des Dioscuros, der Gouverneur von Nikomedia war, dem heutigen Izmit in Kleinasien, in der Nähe der persischen Grenze gelegen. Sie war eine sehr schöne und kluge Frau und hatte viele Verehrer, die um ihre Hand anhielten. Ihr Vater sorgte sich so sehr um seine Tochter, dass er sie in einen Turm einschloss, um sie vor den schädlichen Einflüssen von außen zu bewahren. Den einzigen Kontakt zur Außenwelt hatte sie, indem sie aus dem Fenster ihres Turms auf die Stadt sah. Dabei dachte sie darüber nach, wer dies alles wohl geschaffen habe. Sie war davon überzeugt, es müsse einen Schöpfer geben, der alles erschaffen habe, was sie von oben sah. Von ihrer Freundin Julia erfuhr Barbara von Jesus Christus und dem neuen Glauben, zu der sich die Freundin bereits bekannte. Barbara beschloss, sich taufen zu lassen. Sie schrieb an Origenes von Alexandria einen Brief mit der Bitte, sie zu taufen. Die Abwesenheit ihres Vaters Dioscuros nutzte sie dazu, sich von Origenes taufen zu lassen. Nach der Rückkehr offenbarte sich Barbara ihrem Vater, dass sie durch die Taufe nunmehr

zur Christin geworden sei. Dioscuros war außer sich vor Wut, alle seine Vorsichtmaßregeln hatten sich für ihn als unnütz erwiesen und er griff zum Schwert, um seine Tochter zu töten. Ihr gelang es jedoch, ins Gebirge zu entfliehen und sich in einem Felsspalt zu verbergen. Sie wurde dadurch zur Schutzpatronin der Bergleute. Von einem Hirten wurde sie dann verraten. Dieser wurde von Gott in einen Stein, nach einer anderen Legende in einen Mistkäfer verwandelt und seine Schafe in Heuschrecken oder Käfer.

Dioscuros fand seine Tochter, schlug sie und brachte sie zum römischen Statthalter Marcianus. Dieser stellte sie vor die Wahl, entweder den heidnischen Göttern zu opfern oder zu sterben. Barbara entschied sich für den Tod. Sie wurde daraufhin ins Gefängnis geworfen und gefoltert. Nachts erschien ihr Christus persönlich und sprach ihr Mut zu. Alle Wunden waren danach geheilt. Sie musste erneut vor ihrem Vater erscheinen, der sie dazu zwang, nackt durch die Straßen der Stadt zu gehen. Als sie von allen Kleidern entblößt auf der Straßen erschien, kam ein Licht, das ihre Blößen bedeckte. Sie wurde in der Öffentlichkeit mit Keulen geschlagen und ihre Brüste wurden abgeschnitten. Daraufhin enthauptete ihr Vater sie und ihre Gefährtin Julia eigenhändig. Als die beiden Frauen starben, öffnete sich die Erde und nahm die Körper die beiden Frauen auf. Der Vater wurde vom Blitz getroffen und verbrannte. Dies geschah im Jahr 306 in der Regierungszeit des Kaisers Maximinus Daia. Die Überreste dieser beiden Frauen wurden in der Barbarakirche in Alt-Kairo bestattet.

5. Georg

Georg wurde um 280 in Kappadozien als Sohn einer reichen und vornehmen christlichen Familie geboren. Er trat als Offizier in die römische Armee ein und machte dort schnell Karriere. Als Offizier soll er auf einem Feldzug sogar bis England nach Glastonbury und Caerleon gekommen sein. Nach seiner Rückkehr in den östlichen Teil des römischen Reiches herrschte inzwischen Kaiser Diokletian. Dieser erließ am 23. Februar 303 sein gegen die Christen gerichtetes Edikt. Georg stellte sich öffentlich gegen den Kaiser und sein Edikt, das er auf dem Marktplatz von Nikomedia öffentlich zerriss. Der Kaiser versuchte zwar noch, Georg durch das Versprechen einer höheren Position in der Armee umzustimmen. Georg blieb jedoch standhaft in seinem Glauben an Jesus Christus und wurde in das Gefängnis geworfen.

Um seinen Glauben zu erschüttern, schickte er eine junge schöne Frau in seine Gefängniszelle mit dem Auftrag, Georg zu verführen. Georg blieb jedoch standhaft und bekehrte seinerseits die Frau zu seinem Glauben und machte sie damit ebenfalls zur Märtyrerin. Georg wurde weiterhin gefoltert. Aber keine der schlimmen Folterungen konnte ihm etwas anhaben, da Jesus Christus alle Wunden heilte. Schließlich ließ Diokletian den Zauberer Athanasius rufen, der ein Giftgetränk für Georg kredenzen sollte. Bevor Georg den Giftbecher trank, machte er jedoch das Kreuzzeichen über diesen. Das hatte zur Folge, dass das Gift seine tödliche Wirkung verlor. Als man ihm bei einem weiteren Versuch die Hände auf seinem Rücken festband, machte er durch eine Bewegung mit seinem Kopf das Kreuzzeichen. Schließlich fragte Diokletian Georg, ob er einen Toten wieder zum Leben erwecken könne. Als Georg dies tat, ließen sich wiederum viele bekehren.

Daraufhin lud Diokletian Georg zu sich in den Palast ein. Er bot ihm an, ihn zum Prinzen zu machen, wenn er den heidnischen Gottheiten opfern werde. Im Palast traf Georg auch auf die Frau Diokletians, auf Alexandra. Er erzählte ihr von Jesus Christus. Am anderen Morgen hatte sich viel Volk versammelt, das dabei sein wollte, wenn Georg den heidnischen Göttern opfern werde. Georg hob jedoch seine Hände und blickte zum Himmel. In diesem Moment zerbrachen alle heidnischen Götzenbilder und fielen zu Boden. Alle, die Zeugen dieses Vorfalles waren, bekannten sich danach zum Glauben an Jesus Christus. Diokletian ließ daraufhin alle töten, auch Georg und seine eigene Frau Alexandra. Georg starb am 23. April 303 in Lydda. Dort wurde er auch begraben.

Kaiser Konstantin ließ später über seinem Grab eine Kirche bauen. In Ägypten wurde er als Prinz der Märtyrer verehrt. Über 200 Kirchen in Ägypten wurden nach ihm benannt.

Hinter dem legendären Märtyrer Georg verbirgt sich möglicherweise der Bischof Georg von Kappadokien, der arianische Gegenspieler des Bischofs Athanasius von Alexandria. Nach der Vertreibung von Athanasius aus Alexandria im Jahre 356 wurde Georg Bischof von Alexandrien. Er machte sich dadurch, dass er die Politik des byzantinischen Kaisers kompromisslos umsetzte, schon bald bei den Christen Alexandrias verhasst. Im Jahre 361 beim Regierungsantritt des Kaisers Julian wurde Georg getötet und seine Leiche verbrannt[49].

Um ihn und seinen Tod entstand bei den Arianern schon bald eine Legende von seinem viermaligen Tod und seiner dreimaligen Erweckung. Beim ersten Tod wurde Georgs Körper in zehn Teile zerschnitten. Der König Diadanos ließ die Überreste in eine trockene Zisterne werfen. Daraufhin wurden die Körperteile erneut zusammengefügt und der Körper wiederbelebt. Bei seinem zweiten Tod wurde der Körper Georgs mit einer großen Säge in zwei Teile geschnitten und die Körperteile in einem Kessel verbrannt. Dort wurde er wiederum von Gott zusammengefügt und wiederbelebt. Der dritte Tod war das Ergebnis von mehreren Folterungen. Georg wurde geschlagen und mit Fackeln verbrannt, bis

49 Baumeister, a. a. O., S. 156.

er die Schmerzen nicht mehr ertragen konnte und starb. Der Leichnam wurde auf einem hohen Berg den Vögeln zum Fraß vorgeworfen. Dort wurde er von Gott wiedererweckt. Schließlich wurde Georg eine Totenerweckung zugeschrieben. Auf das Gebet von Georg sollen sich aus dem Staub eines Sarges unter Erbeben und Blitzen fünf Männer, neun Frauen und drei Kinder erhoben haben[50].

Die ägyptische Herkunft dieser Legende ist nicht gesichert, sondern gilt wegen des mehrfachen Todes Georgs als Hypothese. Sie ähnelt insoweit dem ägyptischen Paphnutiusmartyrium.

Um Georg bildeten sich neben dieser arianischen Legende viele anderen Legenden. Die bekannteste ist die von seinem Kampf mit dem Drachen, die an mittelalterliche Rittermärchen erinnert und in vielen Versionen überliefert ist. Eine Version der Legende spielt in Salone in Libyen, wo sich Georg als Soldat der römischen Armee aufhielt. Dort trieb ein Drachen sein Unwesen. Durch seinen giftigen Atem konnte er Menschen töten. Er hielt sich außerhalb der Stadtmauern auf. Er musste jeden Tag durch Opfer besänftigt werden. Zunächst wurden ihm jeden Tag zwei Schafe zum Fraß vorgeworfen. Als es keine Schafe mehr gab, opferte man jeden Tag ein Kind. Eines Tages traf das Los die vierzehnjährige Tochter des Königs Sabra. Sie wurde in einem weißen Hochzeitskleid vor die Stadtmauern geschickt. Dort wartete sie auf den Drachen. Statt des Drachens kam Georg auf einem weißen Pferd. Als sie ihm von ihrem Schicksal erzählte, beschloss Georg, sie zu retten. Als der Drache schließlich kam, besiegte er ihn nach langem Kampf mit seiner Lanze und zog den Drachen in die Stadt auf den Marktplatz. Dort schnitt er dem Drachen vor der Stadtbevölkerung den Kopf ab. Er ließ sich als Sieger und Christ feiern und alle Einwohner bekehrten sich zum Christentum. Der Dra-

50 Baumeister, a. a. O., S. 161.

chenkampf ist der mutige Kampf gegen das Böse. Dabei wird der Drache zumeist mit dem Teufel identifiziert.

6. Anatolius Persa

Anatolius Persa wurde in Persien geboren und war zur Zeit Diokletians 15 Jahre lang Befehlshaber im griechischen Heer. Als er sich weigerte, seinem Glauben abzuschwören, versuchte Diokletian, seinen Willen durch Martern und Foltern zu brechen. Ihm wurde dabei die Kopfhaut abgezogen, er wurde auf ein Rad geflochten und in eine brennende Pechgrube geworfen. Dabei starb er dreimal und wurde dreimal wieder durch den Erzengel Michael auferweckt. Der Erzengel stellte damit seine körperliche Integrität wieder her. Danach wurde Anatolius Persa zum Tode verurteilt und durch Annageln an einen Perseabaum hingerichtet.

7. Anub

Anub stammte aus Naesi in Unterägypten. Nachdem er schon früh seine christlichen Eltern verloren hatte, hörte er mit zwölf Jahren eine Predigt, die ihn tief bewegte. Kurz darauf verteilte er seinen Besitz an die Armen und beschloss, Märtyrer zu werden. Er ging zu Fuß nach Samanout. Auf seiner Reise sah er den Erzengel Michael. Als Anub hinfiel, hob Michael ihn auf und sagte ihm voraus, dass er in Samanout drei Tage lang gefoltert werden würde. Nachdem er in Samanout angekommen war, gab er sich den Römern als Christ zu erkennen. Daraufhin wurde er gefoltert und gemartert, bis seine Eingeweide heraustraten und seine Knochen zerbrachen. Danach wurde er vom Erzengel Michael geheilt und geschützt. Nachdem er von den Römern ins Gefängnis geworfen wurde, ließen sich seine Mitgefangenen von ihm bekehren, bevor sie selbst den Märtyrertod starben. Daraufhin ließ der römische Statthalter Anub auf einem Segelschiff nach Atrib bringen. Auf dem Schiff wurde Anub mit dem Kopf nach unten an den Segelmast gebunden und von den römischen Soldaten geschlagen und verspottet. Als Anubs Nase zu bluten begann, erblindeten die römischen Soldaten und ihr Anführer wurde gelähmt. Daraufhin baten die Soldaten Anub um Hilfe und versprachen, sich zu bekehren. Anub versprach ihnen, dass dies erst nach ihrer Ankunft in Atrib geschähe. Als sie in Atrib angekommen waren, geschah das Wunder ihrer Heilung. Alle Soldaten bekannten sich daraufhin zu Christus und wurden getötet.

Anub wurde in Atrib erneut gefoltert, er wurde verstümmelt und seine Hände und Füße abgeschnitten. Die Erzengel Michael und Raphael setzten die abgeschnittenen Glieder erneut an. Die Umstehenden, die das Wunder erlebten, wurden alle Christen. Daraufhin wurden ihm giftige Schlangen in die Zelle gelegt. Diese rührten Anub jedoch nicht an, sondern eine von ihnen soll sich sogar nach dem Verlassen der Zelle um den Nacken des Anführers gelegt haben. In Todesangst flehte dieser Anub an, ihn vor dem Biss der Schlange zu bewahren. Dies tat Anub aus seiner christlichen Nächstenliebe heraus und viele Leute, die Augenzeuge dieses Vorfalls waren, ließen sich bekehren.

Schließlich wurde Anub sein Märtyrertod in Alexandrien vorhergesagt. Dort wurde Anub von römischen Soldaten durch das Schwert hingerichtet.

Insgesamt achtmal war er vorher vor dem Tod durch Feuer, wilde Tiere oder vor der Zerstückelung seines Körpers gerettet worden. Insgesamt 19.084 Personen sollen durch ihn bekehrt und anschließend selbst als Märtyrer gestorben sein. Sein Leichnam wurde nach Naesi gebracht und dort bestattet. Im Jahre 960 wurden seine Überreste nach Samanout gebracht und dort bestattet. Über seinem Grab in Samanout wurde die Kirche der Heiligen Jungfrau Maria errichtet. Alljährlich am 31. Juli feiert die koptische Kirche seinen Todestag. Zahlreiche Wunder werden Anub nachgesagt: So soll er mehrfach als Kind erschienen sein, so z. B. als zwölfjähriges Kind und mit anderen Kindern gespielt haben. Dabei soll er sich sogar in einen Streit zwischen christlichen und muslimischen Kindern eingemischt haben.

8. Marcorius

Marcorius wurde im Jahre 224 in Eskertos in Kappadozien geboren. Er besiegte, in Diensten des Königs Dicius stehend, mit dessen Heer die Berber, nachdem diese Eskertos angegriffen hatten. Er wurde dafür von Dicius mit zahlreichen Auszeichnungen belohnt. Im Jahre 249 begann Dicius jedoch, die Christen zu verfolgen. Er erließ ein Dekret, dass alle Einwohner verpflichtet waren, den heidnischen Gottheiten zu opfern. Nachdem der Erzengel Michael Marcorius erschienen war und ihn zur Standfestigkeit in seinem Glauben aufgefordert hatte, wurde er von Dicius in dessen Palast vorgeladen. Als er sich weigerte, den Göttern zu opfern und auch nicht diesen seinen Sieg in der Schlacht gegen die Berber zusprechen wollte, sondern allein Jesus Christus und dem Erzengel Michael, versuchte der König, ihn zunächst umzustimmen, und versprach ihm Geld und Macht. Als Marcorius sich jedoch weiterhin hartnäckig weigerte, den heidnischen Göttern zu opfern, ließ Dicius ihn ins Gefängnis werfen. In der Nacht erschien ihm der Erzengel Michael und sprach ihm Mut zu. Am nächsten Morgen wurde Marcorius erneut gefoltert mit scharfen Nägeln. Zudem wurden ihm Brandmale zugefügt. Er ertrug jedoch klaglos alle Qualen. In der folgenden Nacht erschien ihm wieder der Erzengel Michael und heilte erneut alle seine Wunden. Nachdem auch weitere Folterungen Marcorius nichts anhaben konnten, befahl der König, ihn zu enthaupten. Vor seinem Tod erschien ihm Jesus noch und versprach ihm das ewige Leben inmitten der Heiligen. Daraufhin ging Marcorius gestärkt in den Tod, am 4. Dezember 250. Er wurde nur 25 Jahre alt.

9. Apater und Erai

Apater und Erai waren Geschwister und Mitglieder der Familie des Basilides, die von Antiochien nach Oberägypten kam[51]. Erai erlebte eine für jungfräuliche Märtyrerinnen typische Szene. Erai wurde in ein Bordell gebracht. Dort wurde sie gerettet, nachdem ein Soldat erblindet und zwei Frauen zu Stein geworden waren. Die Anderen im Bordell bekehrten sich und wurden alle zu Märtyrern. Nach mehreren Martyrien und nachfolgenden Rettungen starben beide schließlich in Kijnilach in Oberägypten.

10. Apatil

Apatil war Soldat im römischen Lager in Babylon[52]. Als er die von Arianus gebotene Verehrung der römischen Götter verweigerte, wurde er gefoltert. Insgesamt sechsmal wurde er errettet und wiederhergestellt durch einen Engel Gottes oder durch Gott. Drei Rettungsszenen berichten von Rettungen aus Feuer und Wasser und vor einem wilden Tier. Unter anderem wurde Apatil eine Dirne ins Gefängnis geschickt, um ihn zu verführen. Diese ließ sich jedoch von ihm bekehren. Selbst eine Löwin weigerte sich, den Apatil anzugreifen. Schließlich wurde er hingerichtet und in seinem Heimatort Sabaru im Nildelta bestattet.

11. Ari

Ari stammte aus der Gegend um Pschati-Nikiu[53]. Sein Martyrium war zweigliedrig. Im ersten Teil werden zwei Heilungsszenen in Nikiu unter Culcianus beschrieben, die aus Verhör, Marter, Gebet, Wiederherstellung des Leibes einmal durch Jesus, ein zweites Mal durch den Engel Michael bestanden.

Der zweite Teil seines Martyriums fand vor Arianus in Alexandria statt. Es folgten wiederum eine Reihe von

51 Baumeister, a. a. O., S. 102.

52 Baumeister, a. a. O. S., 103.

53 Baumeister, a. a. O. S., 103.

Rettungs- und Wiederherstellungsszenen, die letztlich das Ziel hatten, alles göttliche Wirken beim Martyrium auf Christus und der von ihm ausgehenden Erlösung zurückzuführen. Dabei erschien Jesus ihm im Feuerofen und bewahrte ihn vor allen Schmerzen und gewährte ihm die Gabe, alle Krankheiten zu heilen und die Dämonen zu vertreiben.

12. *Arianus von Alexandria*

Arianus gehörte zu einer Gruppe von vier Märtyrern aus Antinoe, zu der noch Philemon, Apollonius und Theotychus gehörten. Arianus war bis zu seiner Bekehrung einer der grausamsten Christenverfolger in der Thebais. Bei dem Martyrium des Philemon, der an einem Olivenbaum aufgehängt wurde, traf ihn ein fehlgeleiteter Pfeil, der für Philemon bestimmt war, ins Auge und zerstörte es. Erst als er Erde von Philemons Grab nahm und damit sein Auge einrieb, wurde es auf wundersame Weise geheilt. Dieses Ereignis führte zu seiner Bekehrung. Er wurde mitsamt seines ganzen Haushaltes und seiner Leibwächter, darunter Theotychus, bekennender Christ. Seine Geschichte erinnert an die des römischen Statthalters Pontius Pilatus, der für den Kreuzestod Jesu verantwortlich war und der ebenfalls in die Schar der ägyptischen Märtyrer und Heiligen aufgenommen wurde[54]. Auch er hatte viele Martern zu ertragen. So wurde ihm die Haut vom Kopf abgezogen, die sich jedoch nach einem Gebet selbst wieder anfügte; er wurde wie alle anderen Märtyrer gerettet, bevor er am 4. März 287 den endgültigen Märtyrertod im Meer fand. Von dort aus soll ein Delphin den Sack mit dem Leichnam des Arianus nach Alexandria gebracht haben. Seine letzte Ruhestätte fand er schließlich in Antinoe. Dort wird jährlich am 14. Dezember seiner gedacht.

---

54 Baumeister, a. a. O., S. 105.

Wie Arianus starben auch Asclan, Philemon, Apollonius und Theotychus, deren Passionen jeweils auf eine griechische Vorlage zurückgehen[55].

13. Basilides

Basilides von Rom war ein römischer Soldat, der in der Regierungszeit Diokletians zum Christentum übergetreten war und um 304 mit weiteren Gefährten wie Cyrinus, Nabor, Nazarius und Celsus, ebenfalls konvertierte römische Soldaten, enthauptet wurde. Ihre Grabeskirche liegt an der Via Aurelia in Rom. Sein Festtag ist der 12. Juni.

Die Martyrien des Basilides und seiner Gefährten zeichnete sich durch eine Häufung von Heilungsszenen aus. Allein viermal wurde er durch göttliches Eingreifen geheilt und wiederhergestellt, davon dreimal vom Tod erweckt unter Blitzen, Donner und Erdbeben. Das Martyrium läuft nach dem bekannten Schema ab – Verhör, Marter, Bittgebet, Wiederherstellung, Kerkeraufenthalt mit Wunder – und endet mit dem Todesurteil, Schlussgebet und Tod. Dabei sind die Erweckungen Neuschöpfungen des Körpers des Basilides und der anderen Märtyrer, die jeweils zu Staub verbrannt worden waren[56].

14. Eulita und Kyriacos

Eulita lebte am Ende des 3. Jahrhunderts in Iconium, in der Provinz Lycania in Kleinasien. Sie war die Tochter eine Königs und wuchs als reiche und schöne Frau heran. Sie war Christin und heiratete jung. Ihr Sohn Kyriacos wuchs in einer spirituellen, durch den christlichen Glauben seiner Mutter geprägten Atmosphäre auf. Seine ersten Worte sollen »Ich bin ein Christ« gewesen sein. Nach dem frühen Tod ihres Ehemannes musste Eulita ihren Sohn allein aufziehen. Als er drei Jahre alt war, fingen die

55 Baumeister, a. a. O., S. 106.

56 Baumeister, a. a. O., S. 108.

Christenverfolgungen durch den römischen Kaiser Diokletian an. Eulita floh vor der Verfolgung mit ihrem Sohn zunächst nach Seleucia in Syrien und von dort weiter nach Tarsus in der Provinz Cilicia. Dort gab es ebenfalls einen römischen Gouverneur mit Namen Alexandros, der besonders grausam und blutrünstig war. Er brachte Christen mit eigenen Händen um.

Nachdem Eulita vor Alexandros gebracht wurde, antwortete sie auf dessen Frage nach ihrem Namen: »Ich bin Christin«, und bekannte sich zu Jesus Christus. Soldaten nahmen ihr daraufhin ihren Sohn Kyriacos ab und brachten ihn zu Alexandros. Dann fragte er ihn unmittelbar: »Sohn, willst du den Göttern opfern?« Zur Überraschung aller Umstehenden antwortete der Dreijährige: »Deine Götter sind aus Stein und Holz. Mein Gott ist Jesus Christus.« Daraufhin rief auch seine Mutter Eulita: »Ich bin Christin. Ich verehre Jesus Christus, der Himmel und Erde erschaffen hat.« Kyriacos rief: »Ich bin ein Christ, ich bin ein Christ.« Da wurde Alexandros so wütend, dass er das Kind zu Boden warf mit dem Kopf auf die steinernen Treppenstufen, so dass es sofort starb. Seine Mutter pries Gott und bedankte sich, dass er ihren Sohn zu sich in den Himmel aufgenommen habe. Alexandros ließ Eulita daraufhin am 22. Juli 305 enthaupten. Kaiser Konstantin ließ am Ort des Martyriums von Eulita und Kyriacos eine Kirche bauen. Teile ihrer Reliquien werden im Marien-Kloster im Nitron-Tal aufbewahrt.

15. Colluthus

Vom Martyrium des Colluthus bestehen zwei Versionen, die jeweils nach dem Legendenmuster der Wechselreden, Martern und Wunder aufgebaut sind. In einer Version wird Arianus als Schwager des Colluthus bezeichnet. Dabei handelt es sich um ein Spezifikum der koptischen Märtyrerlegenden, zwischen bekannten Persönlichkeiten Verwandtschaftsverhältnisse herzustellen.

16. *Didymus*

Eine weitere Legende behandelt das Martyrium von Didymus aus Tarschebi. Zwei Heilungen durch den Erzengel Michael werden erzählt in dem bekannten Rhythmus von Eingangsvision, in der ein leuchtender Mann Didymus zum Martyrium einlädt, Verhör, Marter, Gebet, Wiederherstellung, abgeschlossen durch einen Gefängnisaufenthalt mit Wundern und einer Szene, in der die Überlegenheit des Märtyrers durch das Erblinden der Folterknechte und ihre Heilung durch ihn beschrieben wird[57]. Letztlich wird Didymus durch das Schwert hingerichtet. Julius von Aqfahs balsamiert seinen Körper ein und lässt ihn durch seine Knechte nach Tarschebi bringen.

In einer weiteren Legende wird das Schicksal des Didymus mit dem der Theodora in Zusammenhang gebracht. Theodora stammte aus einer angesehenen römischen Familie und war noch Jungfrau. Damals war es für jede römische Frau Pflicht, Kinder zu gebären, Jungfräulichkeit wurde bestraft. Theodora wurde deshalb zu einem Verhör vor den römischen Präfekten Proculus in Alexandria geladen. Auf die Frage, weshalb sie noch Jungfrau sei, antwortete sie, sie sei Christin und die Braut Jesu Christi. Wegen ihres Glaubens wurde Theodora daraufhin von Proculus zum Tode verurteilt. Danach begegnete ihr Didymus, ein römischer Soldat, der ebenfalls Christ war. Er beschloss, sie zu retten. Er tauschte die Kleider mit ihr und ermöglichte es ihr dadurch zu fliehen. Didymus wurde daraufhin verraten und ebenfalls zum Verhör vor Proculus gebracht, der ihn ebenfalls zum Tode verurteilte. Auch Theodora stellte sich und begleitete Didymus zum Verhör. Theodora wurde enthauptet, Didymus verbrannt. Sie starben im Jahr 304.

---

57 Baumeister, a. a. O., S. 110.

17. Epima

Das Martyrium des Epima aus Pankoleus bestand aus zwei Akten, dem Martyrium in Oxyrhynchos sowie dem Leiden in Alexandria. Dort wurde er viermal im Kerker durch den Erzengel Michael geheilt[58]. Auf die Beschreibung der Marter folgt die wiederholte Darstellung ihrer Erfolglosigkeit. Einmal kommt der Retter Michael in der Gestalt einer weißen Taube. Auch Epima fand schließlich den Märtyrertod durch das Schwert.

18. Eusebius

Die Märtyrerlegende des Eusebius aus dem mittelägyptischen Hnes-Herakleopolis-Magna besteht aus einer langen Vorgeschichte sowie aus einem kurzen Martyrium von vier Szenen[59]. In der ersten Szene, einer Wiederherstellungsszene führt der Erzengel Suriel Eusebius durch den Himmel und heilt ihn anschließend. In der zweiten Szene bringt Suriel Jesus, der von den Erzengeln Michael und Gabriel begleitet wird, die Glieder des Eusebius, der sie wiederbelebt. In der dritten Szene verweist der Hegemon Eusebius der Stadt und verschließt deren Zugänge, aber auf ein Gebet des Erzengels Raphael wird Eusebius wieder in die Stadt eingelassen. In der vierten und letzten Szene rettet der Engel Raphael Eusebius vor den ihn bedrohenden Flammen. Als Eusebius danach trotzdem hingerichtet wird, wickelt der Engel Raphael den Leichnam Eusebius' in ein Leinentuch und trägt ihn zum Himmel.

19. Elias

Das Martyrium sowie die Rettung des Elias erstreckte sich über verschiedene Länder[60]. Die erste Szene spielte in Indien sowie in Kunthia, wohl eine skythische Ortschaft. Dort wurde Elias vom einheimischen König zu einem

58 Baumeister, a. a. O., S. 111.
59 Baumeister, a. a. O., S. 112.
60 Baumeister, a. a. O., S. 112.

Götzenopfer aufgefordert. Statt zu opfern, zerstörte Elias mit Gottes Hilfe die Götzenbilder. Er wurde daraufhin gefoltert und anschließend mit zwei wilden Tieren auf dem Meer ausgesetzt. Dort wurde er von den Erzengeln Gabriel und Michael gerettet und nach Kunthia gebracht.

Nachdem der Erzengel Michael seinen Körper wiederhergestellt hatte, wurde Elias durch einen Zauberer bedroht, der einen Berg spaltete, tödliche Gifte aus Drachenleber, toten Mäusen und wilden Pflanzen herstellte und einen Felsen in Brand setzte. Vor allen Gefahren wurde er wiederum durch den Erzengel Michael geschützt. Am Schluss gab Michael ihm im Schutze einer Wolke die Eingeweide wieder in seinen Körper zurück, die ihm herausgerissen worden waren. Im dritten Akt wurde Elias allein dreimal gerettet, bevor er den Märtyrertod starb. Sein Körper fand letztlich in Ägypten seine letzte Ruhestätte. Bei einer der drei Rettungsaktionen lösten Engel unter Blitz und Donner den Gekreuzigten vom Kreuz[61].

20. Heraklides

Heraklides' Martyrium begann, als er den römischen Statthalter Armenius in Alexandria bei einem Verhör verlachte. Armenius ließ ihn daraufhin foltern, mit Fackeln verbrennen bis seine Knochen sichtbar wurden. Seine Hände wurden mit glühenden Kugeln, die er in den Händen tragen musste, verbrannt. Anschließend zog man ihm die Nägel ab und schüttete Essig und Lauge in die Wunden und schlug ihm ins Gesicht, bis dass die Augäpfel hervortraten. Daraufhin erschien ein Engel in Gestalt einer Taube, heilte ihn und gab ihm die Sehkraft wieder. Armenius ließ ihn daraufhin enthaupten[62].

61 Baumeister, a. a. O., S. 113.

62 Baumeister, a. a. O., S. 114.

21. *Herodes*

Als Märtyrer starb auch der Soldat Heroda (Herodes), nachdem er viermal gefoltert und viermal von Engeln sowie durch Jesus gerettet wurde, einmal dadurch, dass der Erzengel Michael heißes Blei, das in seinen Mund geschüttet wurde, in frisches Wasser verwandelte[63].

22. *Herpaese und Julianus*

Bei diesen beiden Märtyrern handelte es sich wohl um zwei Dorfheilige, deren Martyrium sich nach dem geläufigen koptischen Schema vollzog[64]. Julianus wurde durch den Erzengel Gabriel gerettet, der ihn zunächst dadurch heilte, dass er seine Zunge, seine Hände und Füße sowie seinen ganzen Leib wiederherstellte. Als Arianus daraufhin beide in den Ofen eines Bades werfen ließ, verwandelte Jesus selbst das Feuer in Tau.

23. *Isaak*

Isaak stammte aus Tiphre bei Panau, dem unteren Kynopolis. Die Geschichte von seinem Martyrium wurde, anders als bei den koptischen Märtyrerlegenden üblich, nicht unter Wiederholungen, sondern der Reihe nach erzählt mit einer Eingangsvision und der Rettung aus der Marter. Auf sein Gebet hin zerbricht das Martergerät. Eine Nilfahrt mit der Vision des Erlösers, das wunderbare Ertragen der Marter, das Erscheinen des Erzengels Michaels im Feuer mit der wunderbaren Umwandlung des Feuers in frisches Wasser sowie dem Schlussgebet wird erzählt.[65]

24. *Julius von Aqfah*

Ein wichtiger Märtyrer war Julius von Aqfah. Er wurde von Jesus Christus auserwählt, sich um die christlichen

63 Baumeister, a. a. O., S. 114.

64 Baumeister, a. a. O., S. 115.

65 Baumeister, a. a. O., S. 115.

Märtyrer und deren Gedächtnis zu kümmern. Er berief daraufhin 300 Biographen, welche die Biographie der Märtyrer niederschrieben. Er selbst nahm auf den besonderen Wunsch des Herrn selbst das Martyrium auf sich. Sein Martyrium zeichnet sich dadurch aus, dass er nicht wie die meisten der anderen Märtyrer dreimal, sondern sechsmal starb und fünfmal wieder auferweckt wurde[66].

Sein Martyrium begann wie in den anderen Legenden mit der Eingangsvision, in der Jesus ihm einen glorreichen Kampf vor Arianus, den Schutz durch den Erzengel Michael und die Bekehrung seiner Verfolger ankündigte.

Das erste Martyrium bestand aus einer Folterung durch zehn starke Männer. Sein Körper wurde zu Staub verbrannt, und dieser wurde vom Wind verweht. Daraufhin erfolgte seine Rettung im Sinne einer Neuschöpfung durch Jesus Christus, der durch seine Engel die Asche zusammentragen ließ und ihn daraus neu erschuf.

Daraufhin wurde er von Arianus erstochen. Als er erneut von Jesus Christus wiederbelebt wurde, bekehrte sich Arianus zu Christus, der vor der Tötung gesagt hatte: »Wenn du am Leben bleibst und nicht stirbst, werde ich überzeugt sein, dass du die Macht hast, mir das ewige Leben zu geben.«

Es folgen drei weitere Tötungsversuche und drei wunderbare Errettungen durch Wiederherstellung des Märtyrerleibes. So wurde Julius beim dritten Tötungsversuch gekreuzigt und nach seinem Tod den Hunden vor der Stadt zum Fraß vorgeworfen. Jesus Christus in Begleitung der Erzengel Michael und Gabriel erweckte ihn jedoch zum Leben. Daraufhin zerbrachen ihm seine Peiniger mittels eines besonderen Gerätes alle Knochen und Glieder, die jedoch von Jesus, der unter Blitz und Donner erschien, wieder zusammengesetzt wurden. Nun wurde Julius in zwei Stücke zerschnitten und die Teile vor die Stadt geworfen.

66 Baumeister, a. a. O., S. 116.

Aber der Erzengel Michael fügte die zwei Körperhälften wieder zusammen und erweckte ihn erneut zum Leben. Im Anschluss daran kam es noch zur Zerstörung von Götzenbildern, zur Freilassung von gefangenen Christen und zu Bekehrungen vieler Menschen. Erst danach wurde Julius erneut zum Tode verurteilt und starb nach Vollstreckung des Todesurteils den endgültigen Märtyrertod.

25. Paphnutius

Paphnutius, der aus Dendera stammte, lebte als Einsiedler in Oberägypten. Dort bekannte er sich gegenüber Arianus zum christlichen Glauben. Darauf legte Arianus ihn in eiserne Fesseln und ließ seine Eingeweide aus dem Körper reißen[67]. Es folgt eine typische Errettungsszene: Der Erzengel Michael löste seine Fesseln und gab die Eingeweide wieder in seinen Leib, so dass er wieder völlig geheilt wurde. Es kam zu einer Reihe von Bekehrungen, bevor Paphnutius' Leib in vier Teile zerstückelt und auf der Tempelzinne den Vögeln zum Fraß vorgeworfen wurde. Erneut wurde er gerettet durch die Erzengel Michael und Gabriel, die seinen Körper wieder zusammenfügten. Daraufhin ließ Arianus Paphnutius an einen Mühlstein binden und im Fluss versenken. Jedoch wurde er erneut gerettet, indem er auf dem Mühlstein sitzend zum Schiff des Arianus trieb. Erst nachdem er durch Diokletian selbst an einer Palme gekreuzigt wurde, erlitt er den endgültigen Märtyrertod.

26. Stephanus

Stephanus, der im Jahre 1 nach Chr. geboren und ca. 36/40 ermordet wurde, gilt als erster christlicher Märtyrer. Er war ein Diakon der Jerusalemer Urgemeinde, der von den Aposteln beauftragt worden war, sich um die Witwen der griechisch sprechenden Heidenchristen zu kümmern.

67 Baumeister, a. a. O., S. 124.

Er wurde wegen seines Wirkens vor dem Hohen Rat der Juden angeklagt. In seiner Verteidigungsrede rief er: »Ich sehe den Himmel offen und den Menschensohn zur Rechten Gottes stehen«. Die Mitglieder des Hohen Rates zeigten sich über diese Worte des Stephanus derart erbost, dass sie ihn packten und vor der Stadt steinigten. Sterbend rief er noch: »Herr, rechne ihnen diese Sünde nicht an.« Es war der Auftakt für die Christenverfolgungen.

Im Bericht von seiner Hinrichtung heißt es: »Die Zeugen legten ihre Kleider nieder zu Füßen eines jungen Mannes, der Saulus hieß. Saulus aber war mit dem Mord einverstanden«. Bei dem Saulus handelte es sich um den späteren Apostel Paulus, der sich anfänglich an den Christenverfolgungen besonders eifrig beteiligte (vgl. Acta 7,54-8,1). Seine Reliquien werden seit 560 n. Chr. in der Krypta der Kirche San Lorenzo fuori de la mura in Rom verehrt.

27. Polycarp

Polycarp wurde um 69 als Sohn einer christlichen Familie in Smyrna, einer Hafenstadt Kleinasiens, in der Nähe des heutigen Izmir geboren. Er wurde in jungen Jahren Privatsekretär des lokalen Bischofs und mit 40 Jahren nach Aussage von Irenäus in seiner Schrift gegen die Gnostiker durch den Apostel Johannes zum Bischof in Smyrna eingesetzt. Dieses Amt übte Polycarp bis ins hohe Alter von 86 Jahren aus. In diesem Alter wurde er noch zum Märtyrer, als die Menge im Amphitheater von Smyrna seinen Kopf forderte. Auf Anraten von Freunden verbarg sich Polycarp in der Umgebung der Stadt und wurde dort infolge eines Verrates durch einen jungen Dienstangestellten von den römischen Soldaten aufgespürt. Er erbat von den Soldaten, vor seiner Festnahme sich für eine Stunde zu einem Gebet zurückziehen zu dürfen. Nachdem er das Gebet beendet hatte, wurde er von den Soldaten vor den römischen Prokonsul gebracht. Dieser lud

Polycarp zu einer Fahrt in seiner Kutsche ein und forderte ihn während der Fahrt auf, vor der Statue des römischen Kaisers ein Brandopfer darzubringen, um dadurch sein Leben zu retten. Als Polycarp sich weigerte, dieses Opfer darzubringen, warf er ihn kurzerhand aus der Kutsche, so dass der alte Mann sich die Beine brach. Dennoch konnte Polycarp weiterlaufen, als ob seine Beine gesund seien. Daraufhin wurde er vor den römischen Prokonsul gebracht, der ihn mehrmals vergeblich aufforderte, seinem christlichen Glauben abzuschwören. Polycarp blieb jedoch standhaft und rief der sich inzwischen versammelten Menschenmenge zu: »Weg mit den Göttern, es gibt nur einen wahren Gott, Jesus Christus.«

Dem Prokonsul rief er zu: »Ich habe 86 Jahre Jesus Christus gedient, wie könnte ich ihn jemals betrügen, denjenigen, der mich gerettet hat.« Der Prokonsul drohte ihm, ihn den wilden Bestien vorzuwerfen oder ihn ins Feuer zu werfen. Auch diese Drohungen konnten Polycarp nicht umstimmen, sondern er rief: »Ich bin bereit, für Jesus Christus zu sterben.« Schließlich wurde er im Amphitheater von Smyrna dem Volk zur Belustigung im Zirkus vorgeführt. Da der Programmpunkt Zerfleischung durch wilde Tiere bereits beendet war, bestimmte der Prokonsul kurzerhand, dass Polycarp verbrannt werden solle. Polycarp betrat den Scheiterhaufen und die Flammen konnten ihm nichts anhaben. Als stattdessen sogar ein Wohlgeruch aufstieg, wurde Polycarp mit einem Dolche getötet. Polycarp starb damit den Märtyrertod für seinen Herrn Jesus Christus. Der Bericht von seinem Martyrium wurde später von Augenzeugen bestätigt und gilt damit anders als die übrigen Märtyrerlegenden als authentisch und historisch echt.

28. Papst Petrus I. von Alexandrien

Der spätere Papst Petrus I. war der Sohn von Sophia, die lange kinderlos blieb und deren Kindeswunsch von Gott erhört wurde. Als Petrus sieben Jahr alt war, brachten seine Eltern ihn zum Papst Theonas nach Alexandria. Dort wuchs er auf. Der Papst behandelte ihn wie seinen eigenen Sohn. Als Theonas im Jahre 285 starb, wurde er zu seinem Nachfolger gewählt, dem 16. Papst in der Reihenfolge der Päpste nach Sankt Markus. Sein Papsttum fiel in die Zeit der schlimmsten Christenverfolgung unter dem römischen Kaiser Diokletian. Obwohl hunderttausende Kopten den Märtyrertod starben, schien die Anzahl der Christen nicht abzunehmen. Immer mehr Ägypter bekannten sich damals zum Glauben an den christlichen Gott. Da beschloss Diokletian, ihre religiösen Führer, die Bischöfe zu töten. Er hoffte, dadurch den Widerstand der einfachen Gläubigen zu brechen. So ließ er sechs koptische Bischöfe festnehmen und hinrichten. Schließlich befahl er, auch den obersten Würdenträger der Kopten, Papst Petrus I. zu ergreifen und zu töten. Eine große Menge Christen versammelte sich daraufhin vor dem Gefängnis und forderten die Freilassung ihres Oberhauptes. Petrus wandte sich daraufhin an die Gefängnisaufseher und bat sie um eine Ansprache an seine Gläubigen, um sie zu beruhigen. Er versprach, sich danach kooperativ zu verhalten und sich in sein Schicksal zu fügen. Dann sprach er zu seinen Leuten und es gelang ihm tatsächlich, sie zu beruhigen, so dass sie sich zerstreuten.

Petrus selbst ließ sich anschließend wie versprochen zur Hinrichtung führen. Auf dem Weg dorthin gestatteten die Soldaten ihm einen kurzen Besuch in der Markuskirche, den er mit einem Gebet zu Gott beendete. Dann ließ er sich widerstandslos mit dem Schwert hinrichten. Zunächst fand sich kein Soldat bereit, ihm den Kopf abzuschlagen. Erst das Versprechen, demjenigen Soldaten, der Petrus enthaupten werde, fünf Stück Gold als Entlohnung zu zahlen, hatte schließlich Erfolg. Ein Soldat schlug ihm daraufhin mit seinem Schwert den Kopf ab und nahm die Goldstücke als Lohn an sich. Petrus I. war der letzte Märtyrer, den Diokletian hinrichten ließ.

29. Die Märtyrer von Achmim und vom Fayum

Im März 1990 wurden in der weitläufigen Nekropole beiderseits des Klosters der Märtyrer (Dair as-Shuhada) östlich von al-Hawawish, 6 Kilometer nordöstlich von Achmim (Panopolis) die Gebeine der »Achmim-Märtyrer« entdeckt. Nur ein Jahr später entdeckte man im Rahmen von Planungsarbeiten im Juli und August 1991 in der Nähe des St. Gabrielsklosters (Dair Malak Ghobrial) zu Naqlun die Mumien der »Fajum-Märtyrer«. Die Überreste der Gebeine befanden sich in röhrenförmigen Behältern, sogenannten Röhrenreliquiaren[68].

Diese wurden an die koptischen Diözesen und Kirchengemeinden zum Zwecke der Verehrung weitergegeben. Datiert wurden sie zunächst in die Zeit der Christenverfolgungen durch die römischen Kaiser Diokletian und Maximian zu Beginn des 4. Jahrhunderts. Tatsächlich stammen die Mumien aus dem Fajum wahrscheinlich aus dem 15. oder dem 18. Jahrhundert, die Gebeine der Achmim-Märtyrer aus Gräbern eines längeren Zeitraumes vom 5. bis 15. Jahrhundert. Die Christen von Achmim wurden in römischer Zeit durch den Gouverneur Arianus verfolgt. Es waren nach Dokumenten im Vatikan insgesamt 8140 Personen, die sich weigerten, den römischen Göttern zu opfern und daraufhin enthauptet wurden. Die meisten von ihnen sind anonym geblieben. Sie sind zu vergleichen mit anderen unbekannten Märtyrern aus dem koptischen Synaxar, wie die 400 Märtyrer aus Dendera, die am 23. Mai (15. Bashons) verehrt werden, die 150 Märtyrer vom 6. Januar (28. Kihak) aus An-

68 Vgl.: Meinradus, O., Zum Geheimnis der Märtyrer von Achmim, Kemet 2/2002, S. 47ff.

tinoe sowie die 50.000 Märtyrer von Alexandrien, derer die koptische Kirche am 29. August (25. Misra) gedenkt.

Die bekanntesten der Achmim-Märtyrer aus römischer Zeit waren der heilige Dioskorus und der heilige Asklepius, die in der Wüste östlich von Achmim lebten. Ihnen erschien der Erzengel Michael und befahl ihnen, vor dem Gouverneur Arianus Zeugnis für ihren Glauben abzulegen. Arianis ließ sie daraufhin foltern und enthaupten. Vierzig Soldaten sowie ihre Offiziere Philemon und Akourias folgten ihrem Beispiel und wurden ebenfalls enthauptet. Bekannt wurden weiterhin Ananias und Chuzi aus Achmim.

Zur Zeit des arianischen Kaisers Konstantius (337-361) erlitten die beiden Mönche Merkurius und Ephraim aus Achmim ebenfalls den Märtyrertod, nachdem sie sich zum athanasischen Glauben bekannt hatten. Im 7. Jahrhundert bekannte Menas aus Achmim seinen Glauben vor den muslimischen Herrscher und starb in Hermopolis Magna als Märtyrer. Im Kloster der Märtyrer (Dair as-Shuhada) östlich von al-Hawawish wurde im März 1990 das unverweste Haupt eines Märtyrers entdeckt, der aus der großen Nekropole um das Kloster stammt. In der Stadt Achmim selbst erinnert der »Platz der Märtyrer« vor der St. Merkuriuskirche an die vielen Märtyrer der Stadt während der Jahrhunderte.

D. Anhang

1. Die koptische Liturgie und der Gottesdienst

Der koptische Gottesdienst unterscheidet sich vom Gottesdienst in der römisch-katholischen Kirche schon allein durch die zeitliche Länge. So beträgt er bereits an gewöhnlichen Sonntagen drei Stunden. An Festtagen sind Gottesdienste von fünf bis sechs Stunden Dauer durchaus üblich. Die Liturgiesprache der koptischen Kirche ist der unterägyptische oder bohairische Dialekt, der die frühere Literatursprache, das Sahidische, ab dem zwölften Jahrhundert als Kirchensprache verdrängt hatte. Für wesentliche Teile wie Schriftlesungen, bestimmte Gebete und die Sakramentenspendung wird heute jedoch das Arabische verwendet. Zahlreiche Elemente der koptischen Liturgie sind noch heute in griechischer Sprache gehalten, insbesondere die Responsien der Gemeinde. Die bei der Messfeier verwendeten Musikinstrumente sind altägyptisch, Zimbeln und Triangel.

Die Liturgie besteht aus insgesamt drei Teilen: der Vormesse mit der Gabenbereitung, dem Wortgottesdienst mit Lesungen und der Predigt sowie der Eucharistiefeier mit Anaphora, dem Hochgebet der Gläubigen. Voraus gehen der Messfeier die abendliche und morgendliche Weihrauchdarbringung und das Mitternachtsgebet.

Zu Beginn des Gottesdienstes begrüßt jeder Kirchenbesucher zunächst die Heiligenbilder und den Altar. Anschließend küsst er dem Priester die Hand.

Die koptische Kirche kennt keine eigene Kirchenmusik. Die im Gottesdienst verwendeten Musikinstrumente, die Zimbeln und Triangeln sind altägyptischen Ursprungs.

In der Struktur erinnert der koptische Gottesdienst stark an den griechisch-orthodoxen Gottesdienst. Der koptische Ritus ist eine Variante des Alexandrinischen Ritus, der sich durch Übernahme von Elementen aus anderen Riten, z. B. dem Antiochenischen Ritus und ägyptischem Eigengut zu einer eigenständigen Liturgieform entwickelt hat. Das Normalformular der koptischen Messfeier ist die Basilius-Liturgie mit einem Hochgebet, der Basilius-Anaphora.

An besonderen Festtagen ist die Liturgie des Gregor von Nazianz oder teilweise auch die Kyrillos-Liturgie in Gebrauch, in der die Markus-Liturgie, die alte griechische Liturgie Alexandriens fortlebt.

Die Liturgie beginnt mit der Vormesse, dem Einzug des Priesters, des Diakons und der Ministranten, die durch eine Seitentür den Altarraum betreten[69]. Sie werfen sich vor dem Altarraum zur Anbetung nieder. Anschließend betreten sie den Altarraum. Der Priester segnet sich mit dem Kreuz, küsst den Altar und segnet dann die Gläubigen. Dann beten alle das Vaterunser. Nachdem der Priester sich die Hände gewaschen hat, folgt die Bereitung der Gaben. Dazu verlässt er den Kirchenraum für eine gewisse Zeit. Der Priester trägt die Gaben in einer Prozession, der sogenannten »Lammprozession« um den Altar. Der Priester breitet auf dem Altar das Kelchtuch aus und stellt darauf den Kelch, legt davor auf ein Leinentuch (Palla) einen kleinen runden Teller (Patene) mit der Hostie.

Danach kleidet er sich an und betritt mit den Ministranten die Kirche und fällt vor dem Königstier nieder.

69 Wurst, a. a. O., S. 38.

Vor dem Altar segnet er sich und die Gläubigen mit einem Handkreuz. Dann wird das Brot in ein Tuch gehüllt und mit dem Messwein feierlich um den Altar getragen. Danach werden die Opfergaben gesegnet. Hierauf folgen ein Danksagungsgebet und die Bitte um die Wandlung der Gaben, die sogenannte »Epiklese«. Danach spricht der Priester vor der Ikonostase das Schuldbekenntnis (Confiteor) und das Absolutionsgebet.

Der sich daran anschließende Wortgottesdienst beginnt mit der Inzensation, der Eingangsbeweihräucherung, es folgen drei Lesungen. Gelesen werden stets ein Text aus einem Paulusbrief, aus einem der katholischen Briefe sowie ein Abschnitt aus der Apostelgeschichte sowie an Festtagen eine Lesung aus dem Synaxar. In der Fastenzeit wird ein Text aus dem Alten Testament verlesen. Die Lesungen erfolgen zuerst in koptischer, danach in arabischer Sprache, in den koptischen Kirchen im Ausland auch in der jeweiligen ausländischen Sprache.

Zwischen den Lesungen werden Psalmen und andere Gebete gesprochen, zwischen der Lesung aus der Apostelgeschichte und dem Evangelium wird das Dreimal-Heilig, das »Trisagion« gebetet. Den Abschluss des Wortgottesdienstes bilden das Evangeliumsgebet und die Prozession, die Lesung aus dem Evangelium, die Predigt sowie der Kanon mit dem Friedensgebet, dem »Sursum corda« (Erhebet die Herzen) und dem Sanktus (Heilig), begleitet jeweils von verschiedenen Segnungen.

Es folgt die Eucharistiefeier als Höhepunkt der Messfeier mit der Wandlung, dem Herrengedächtnis und der Herabrufung des Heiligen Geistes (Epiklese). Die Eucharistiefeier beginnt mit der Prä-Anaphora, dem Altarzutritt, dem nikäischen Glaubensbekenntnis sowie dem Versöhnungsgebet und dem Friedenskuss. Darauf folgt das eucharistische Hochgebet, die Anaphora, die Teilung des eucharistischen Brotes, das Vaterunser und der Embolismus, die Absolution und das Bekenntnis, die

Vorbereitungsgebete zur Kommunion mit den Einsetzungsworten über Brot und Wein. In der Epiklese ruft der Priester kniend den Heiligen Geist auf die Gaben herab, damit sie in den Leib und das Blut Christi verwandelt werden. Dabei erhebt der Priester das Mittelstück der Hostie, taucht es leicht in den Wein, das Heilige Blut, und zeichnet damit die übrigen Teile der Hostie. Es folgen die Kommunion, die Abendmahlfeier, bei der der Priester den Gläubigen Leib und Blut Christi reicht sowie das sogenannte »Wasser des Gebetes«, mit dem der Gläubige nach der Kommunion seinen Mund ausspült. Den Abschluss der Messfeier bilden der gemeinsam vorgetragene Psalm 150, die Danksagung, das Segensgebet sowie die Entlassung. Daneben gibt es für bestimmte Anlässe wie Taufe, Firmung, Eheschließung, Kirchweihe und Ikonenweihe besondere Liturgieformen.

2. Die koptische Kirche heute

Angaben über die Anzahl der Kopten sind nur ungefähr machbar. In Ägypten gibt es keine Meldepflicht. Dies liegt daran, dass die ägyptischen Behörden (ausschließlich nur islamische Ämter) falsche Angaben weiterleiten, um die Zahl der Kopten niedrig zu halten. Außerdem sind Zählungen in einem so dicht besiedelten Land wie Ägypten sehr schwer. Die Schwankungen der Angaben sind deshalb erheblich.

Die koptische Kirche hat momentan 40 Diözesen mit schätzungsweise 8-12 Millionen Gläubigen, die 7-12 % der Gesamtbevölkerung Ägyptens ausmachen. Damit ist Ägypten im Vorderen Orient das Land mit der größten christlichen Gemeinschaft. Aufgrund der politischen und wirtschaftlichen Diskriminierungen, denen die Kopten durch Islamisten, Muslimbrüder und Salafisten und

Teilen der Staatsverwaltung ständig ausgesetzt sind, haben viele Kopten, um sich und ihre Familien zu schützen, seit der Mitte des 20. Jahrhunderts ihr Heimatland in Richtung Europa und Nordamerika verlassen. Dabei handelt es sich insbesondere um junge, gut ausgebildete Kopten, die für sich in Ägypten keine Chancen mehr sehen. Kyrill VI., der Vorvorgänger Tawadros' II. förderte diese Bewegung, indem er die Errichtung von koptischen Gemeinden im Ausland unterstützte. Dadurch ist eine große Diasporagemeinde mit einer großen Spiritualität entstanden, für deren Seelsorge sich Papst Schenuda III. durch vielfache Besuche dieser Gemeinden stark eingesetzt hat. Allein in den Monaten nach der ägyptischen Revolution im Januar 2011 sollen nach einem Bericht der Menschenrechtsorganisation »Egyptian Federation of Human Rigths« ca. 93.000 Kopten Ägypten verlassen haben, die meisten in Richtung Nordamerika. Die Erlangung des Status eines politischen Asylanten in Europa ist schwierig, da die ägyptische Verfassung formal jedem Ägypter Religionsfreiheit garantiert. Die tatsächlichen politischen Verhältnisse derzeit sprechen dagegen eine andere Sprache.

In aller Welt existieren momentan folgende koptischen Gemeinden:
41 Kirchen in den USA
23 Kirchen in Europa
13 Kirchen in Australien
7 Kirchen in Kanada
2 Kirchen in Libyen
5 Kirchen in sonstigen arabischen Staaten

Von den 23 europäischen Gemeinden befinden sich 11 in Deutschland, in München, Frankfurt, Düsseldorf, Hannover, Hamburg, Stuttgart, Berlin, Bitburg, Dortmund, Bremen und Nürnberg. Außerdem befinden sich in

Deutschland die beiden einzigen koptischen Klöster in Europa, in Höxter-Brenkhausen und Waldsolms-Kröffelbach, das am 18.11.1990 durch den damaligen Papst Schenuda III. eingeweiht wurde.

In Deutschland leben derzeit ca. 6000 koptische Christen. Für die Stellung und das Leben der Kopten in Deutschland stehen die Integration in die deutsche Gesellschaft sowie der Aufbau eines eigenen gesellschaftlichen Lebens im Vordergrund. Zu den wichtigsten Punkten eines derartigen gemeinschaftlichen Lebens zählen:

- die starke Bindung innerhalb der Familie,
- die Respektierung der Eltern und der alten Menschen,
- die Bedeutung der Frau innerhalb der Familie,
- die Sorge um die Familie und die Erziehung der Kinder,
- gesellschaftliches Leben mit Freunden und Bekannten und ihre Anteilnahme an wichtigen Ereignissen innerhalb der Familie,
- die Fürsorge für Arme und Bedürftige,
- die Gastfreundschaft für Fremde und die Liebe zu den Mitmenschen.

E. Resümee

Das vorliegende Werk befasst sich mit der Situation der koptischen Christen in Ägypten. In einer ähnlichen Lage wie die Kopten befinden sich weltweit viele andere Christen im Irak, in Syrien, in Nigeria und Indonesien, wo sie zu Opfern von islamistischen Fundamentalisten werden. Unsere Zeit ist von Konflikten geprägt. In allen Konflikten gehören Christen zu den Opfern. Christsein war noch nie so gefährlich wie heute. Weltweit werden fast 100 Millionen Christen diskriminiert, bedroht, verfolgt und ermordet. Die Terrororganisation Islamischer Staat (ISIS) begeht Völkermorde an den Jesiden und aramäischen Christen im Irak und Syrien, in Nigeria ist die islamistische Terrororganisation Boko Haram auf dem Vormarsch, in der Ostukraine werden Mitchristen, die nicht der russisch-orthodoxen Kirche angehören, verfolgt und getötet. Damit sind die Christen die Religionsgruppe, deren Angehörige weltweit am häufigsten verfolgt werden.

Das Recht auf Religionsfreiheit ist in Artikel 18 der Allgemeinen Erklärung der Menschenrechte als grundlegendes Menschenrecht international anerkannt. »Jeder hat das Recht auf Gedanken-, Gewissens- und Religionsfreiheit; dieses Recht schließt die Freiheit ein, seine Religion oder seine Weltanschauung allein oder in Gemeinschaft mit anderen öffentlich oder privat durch Lehre, Übung, Gottesdienst und Kulthandlungen zu bekennen.«

Dieses Recht auf Religionsfreiheit ist niemals verhandelbar. Die Verfolgung von Christen darf niemals verschwiegen werden. Es muss alles getan werden, um die Weltöffentlichkeit auf das Unrecht aufmerksam zu machen, um es letztlich zu beseitigen. Hierzu will die von Seiner Exzellenz, dem koptischen Bischof Anba Damian und dem Verfasser als Treuhänder gegründete gemeinnützige Treuhandstiftung »Christen in Not« beitragen.

Literaturverzeichnis

Baumeister, Martyr Invictus, Münster 1972.

Boochs, Geschichte und Geist der koptischen Kirchen, Langwaden 2004.

ders., Die Flucht nach Ägypten, Langwaden 2000.

Dölger, Der Heilige Fisch in den antiken Religionen und im Christentum, Münster 1922.

Effland, Zur Geschichte der Kopten im Raum Edfu, Kemet 4/1998 S. 44f.

Gnilka, Das Matthäusevangelium, Freiburg 1992.

Hesemann, Jesus in Ägypten, das Geheimnis der Kopten, München 2012.

Kraft, Eusebius von Caesarea, Kirchengeschichte, München 1981.

Krause, Christenverfolgung in Ägypten.

Lebe, Als Markus nach Venedig kam. Venezianische Geschichte im Zeichen des Markuslöwen, Gernsbach 2006.

Meinardus, Coptic Saints and Pilgrims, Kairo 2002.

ders. Two Thousand Years of Coptic Christianity, Kairo 1999.

ders. Monks and Monasteries of the Egyptian Desert, Kairo 2002.

ders. Zum Geheimnis der Märtyrer von Achmim, Kemet 2/2002, S.47ff.

ders. Christians in Egypt, Kairo 2006.

von Berchem, Le martyre de la legion Thebaine, Essai sur formation d´une legende, Basel 1956.